Dieudonné Dieunedort Tintcheu

ORIGINE DES SACRIFICES DANS LE MONDE

Dieudonné Dieunedort Tintcheu

ORIGINE DES SACRIFICES DANS LE MONDE

Éditions Croix du Salut

Imprint
Any brand names and product names mentioned in this book are subject to trademark, brand or patent protection and are trademarks or registered trademarks of their respective holders. The use of brand names, product names, common names, trade names, product descriptions etc. even without a particular marking in this work is in no way to be construed to mean that such names may be regarded as unrestricted in respect of trademark and brand protection legislation and could thus be used by anyone.

Cover image: www.ingimage.com

Publisher:
Éditions Croix du Salut
is a trademark of
Dodo Books Indian Ocean Ltd., member of the OmniScriptum S.R.L Publishing group
str. A.Russo 15, of. 61, Chisinau-2068, Republic of Moldova Europe
Printed at: see last page
ISBN: 978-620-3-84199-2

ORIGINE DES SACRIFICES DANS LE MONDE

PREFACE

C'est la tradition ! On a toujours fait comme ça ! Nous avons trouvé et continuons seulement ce que faisaient nos parents ! Qui es-tu pour vouloir changer les choses ?

Voilà quelques refrains courants et laconiques souvent entendus au sujet des coutumes et autres sacrifices. Ceci traduisant un sentiment de fatalité et d'impuissance dans ce domaine où un grand nombre par ignorance se retrouve prisonnier sans s'en rendre compte.

La perplexité de la situation est telle que même le sens de l'engagement chrétien est dilué, plusieurs jouant au double jeu, prétextant qu'il faut donner à Dieu ce qui est à Dieu et à la tradition ce qui lui appartient.

C'est pourquoi, inspiré par Dieu pour contribuer à l'épanouissement de la foi en Jésus Christ, le serviteur de Dieu Dieudonné Dieunedort TINTCHEU, développe dans cet opuscule des idées et réflexions pertinentes, profondes et pratiques, qui éclairent la notion et la pratique des sacrifices et coutumes qui, jusqu'ici demeurent mystérieuses et même tabou.

Dans un style simple, illustré, accessible à tous et appuyé par des témoignages vécus, l'auteur donne la possibilité à tous d'être affranchis par la vérité sur ce sujet crucial.

Ainsi donc, qu'on soit chrétien ou non, la lecture de ce livre contribuera à lever bien des pans de voile sur nos conceptions et appréhensions à ce sujet qui non seulement dénature malheureusement notre identité d'africain, mais aussi participe à la stagnation ou la rétrograde dans bien des domaines de la vie.

Comme pasteur, nous recommandons vivement cet ouvrage à nos collègues, ainsi qu'au peuple de Dieu pour son édification, afin que "nul ne périsse plus faute de connaissance'' dans ce domaine (Osée 4:6).

Ce livre sera aussi un instrument efficace entre les mains des chrétiens engagés pour éclairer et convertir ceux des membres de famille, amis, camarades de réunions encore ancrés dans la religion traditionnelle et les coutumes, pour les amener à la connaissance de la liberté et la vie en Jésus Christ, l'Agneau de Dieu qui ôte le péché du monde.

Pasteur Justin B. TCHATCHOUANG

REMERCIEMENTS:

Nous remercions le Seigneur Jésus-Christ qui nous a fait grâce de l'inspiration de ce livre;
Nous remercions Béatrice Tintcheu ma bien aimée et très chère épouse;
Nous remercions maman Rosalie Ndjiguou, ma très chère mère pour son témoignage;
Nous disons merci au bien aimée Patrick Simou Kamsu préfet de Monatélé pour ses conseils;
Nous disons merci à papa Flobert Nzétchouang pour ses encouragement;
Nous remercions l'infatigable et toujours disponible Njeukoui Jean Calvin pour ses multiples services rendu ;

Actions de grâce et honneur soient à Dieu le Père
Amen.

INTRODUCTION

Selon le dictionnaire Larousse, le sacrifice est une offrande à une divinité et, en particulier, immolation de victimes. C'est aussi l'effort volontairement produit, une peine volontairement acceptée dans un dessein religieux d'expiation ou d'intercession.

Il peut donc se comprendre comme un acte solennel pour demander le pardon de ses fautes en offrant un animal qui est tué. Par extension, toute action qui demande à Dieu le pardon de ses fautes : chant, prière, vœu, etc.

La pratique des sacrifices sous une forme ou l'autre est une chose que l'on retrouve dans presque toutes les familles de la terre. Les buts visés sont multiples : pour certains c'est pour obtenir la faveur de leur divinité, d'autres pour apaiser la colère des ancêtres, d'autres encore pour avoir des enfants, la santé, la protection, la richesse, le pouvoir, la gloire ... Les conséquences aussi sont multiples entres autres la multiplication des sectes et la prolifération des crimes rituels... En méditant sur ce sujet le Seigneur a suscité en nous le questionnement suivant : *D'où vient la pratique des sacrifices ? Qui en est l'initiateur et quel était son but à l'origine ?*

L'usage des sacrifices a fait naître chez les peuples des coutumes maléfiques et cet usage se retrouve dans les coutumes de presque tous les peuples de la terre, cela n'est pas étonnant d'autant plus qu'ils sont issus d'un même sang formant par-là une même famille. Et, les choses sacrifiées varient d'un peuple à l'autre et peuvent aller de simples aliments et boissons en passant par des bêtes, pour arriver aux êtres humains.

Puisque la race humaine, par le sang forme une même famille (Actes 17: 26-28), nous essayerons d'abord, par la grâce de Jésus en partant d'un échantillon de la race humaine (les bamilékés), de remonter à la genèse des sacrifices, afin d'identifier l'initiateur et son but. Puis nous essayerons de descendre aux origines, pour identifier et exposer le précurseur de la coutume maléfique de sacrifier; et pour finir nous proposerons une démarche avec exemple pour triompher d'elle.

CHAPITRE I :
ORIGINE DES SACRIFICES DANS LE MONDE

La pratique des sacrifices se retrouve chez presque tous les peuples de la terre. Les objectifs visés et les conséquences sont multiples ; En réfléchissant à ce sujet le Seigneur a suscité en nous le questionnement suivant : *D'où vient la pratique des sacrifices ? Qui en est l'initiateur et quel était son but à l'origine ?*

La race humaine, par le sang formant une même famille (Actes 17: 26-28), nous partirons selon l'inspiration du Seigneur d'un échantillon de la race humaine (les bamilékés), pour remonter à la genèse des sacrifices, afin d'identifier le promoteur et son but.

I- LES SACRIFICES CHEZ LES BAMILEKE

Dans la coutume du peuple bamiléké que l'on retrouve dans la région de l'Ouest Cameroun, les sacrifices tiennent une place prépondérante ; tenez par exemple dans le village Baloumgou, arrondissement de Bangou d'où je suis originaire, les sacrifices interviennent dans presque tous les aspects de la vie courante tels que : le culte, le mariage, les funérailles les rites, etc.

1- Le culte

Culte rendu au dieu du bas de l'arbre.

Chaque concession familiale a son lieu sacré situé le plus souvent sous un arbre aménagé dans le champ ou la forêt derrière la concession ; ce lieu est appelé « *nzeu nsi* » c'est-à-dire « lieu consacré à dieu » dont le nom est « n*si totieu* », c'est-à-dire « le dieu du bas de l'arbre ». Les chefferies ont également leur lieu sacré ; ces lieux sont très souvent terribles et effrayants, interdits aux profanes. Les gens y vont pour rechercher la paix, remercier dieu et implorer sa faveur, sa protection, se plaindre et implorer sa justice, pour rechercher le coupable à travers le cadi, expier une faute, éteindre une malédiction... Tout cela s'accompagne presque toujours des sacrifices.

Quelques illustrations :

- pour celui qui sollicite la paix, quelques branches d'arbre de paix déposées et des graines de jujube répandues sur le lieu sacré suffiront ;
- pour la protection, une poule vivante que le sacrificateur déposera sur la tête du sollicitant en prononçant des paroles appropriées. Si la poule s'envole et s'en va alors le sacrifice est accepté. Mais si elle reste sur sa tête celui-ci est rejeté ;

- pour ce qui est d'expier une faute, éteindre une malédiction, il faut soit un coq, soit une chèvre, que le sacrificateur va égorger pour en répandre le sang, de l'huile, du sel pour la libation et parfois du gâteau de farine de maïs sec pétri à l'huile rouge, comme aliment qui est répandu sur le lieu et le reste partagé et mangé par les participants.

Culte rendu aux ancêtres.

La région de l'Ouest Cameroun est réputée pour le culte qu'elle voue à ses ancêtres. Ce culte consiste à nourrir les ancêtres pour éviter qu'ils ne se fâchent contre leurs descendants et leur fassent du mal. On dit aussi que celui qui ne sacrifie pas aux ancêtres, appelle sur lui le malheur. Il pourra alors succomber très facilement lors d'un petit accident, d'une simple égratignure et mourra alors par suite d'une courte maladie, ou du moins suite à toute autre sorte d'ennui. Et au centre du culte ancestral, se trouve donc le crâne du disparu ou dans certaine culture un objet appartenant au disparu. Après la mort du responsable de la famille ou autre, sept ans environ, son crâne est déterré suite à quelques mystérieuses cérémonies. Ce crâne est placé dans une maisonnette construite à cette fin et c'est là que les fils, filles et les petits fils du disparu et même jusqu'à plusieurs générations viendront lui donner à manger et à boire, pour continuer à assurer la sécurité et le bien-être de la famille ; voilà le concept et la préoccupation.

Illustration par le témoignage de ma maman:

Quelque année (environ sept ans) après la mort de mon mari, je fus interpelée par l'un des magiciens du village au sujet du crâne de mon feu mari, qu'il disait se plaindre d'être abandonné sous la pluie. Vu les troubles que traversait la famille en ce moment-là et qu'il attribuait à ce fait, je me rendis chez ce dernier au village ; après avoir payé tout le matériel et les frais exigés, le lendemain en compagnie du cadet de mon feu mari Dieu seul, son fils et le magicien, nous nous rendîmes à la tombe. Mon beau-frère et son fils creusèrent et exhumèrent le corps, et le magicien arracha le crâne, le mit dans un canari préparé à cet effet et le déposa dans ma chambre du village. Ainsi sa colère fut apaisée et la malédiction levée. De pareils témoignages sont courants et légions et font partie des coutumes et de la tradition dans cette région ; c'est ainsi que des maisons appelées «maison des crânes » dédiées à ce culte sont construites dans les chefferies, dans les concessions familiales, dans les champs et sur les collines où sont enterrés les crânes des ancêtres exhumés. Parfois à défaut de maison entière, c'est une chambre de la maison d'habitation ou un coin de la cuisine qui peut être ainsi dédié à ce culte ancestral.

Ce culte ne va pas sans sacrifices, car pour honorer ou apaiser les ancêtres, des sacrifices sont exigés, sacrifices qui peuvent aller de branches d'arbre de paix avec de graine de jujube en passant par des aliments et des libations tel que le Plantin préparé malaxé à l'huile rouge avec viande, de la farine de maïs préparée pétrie à l'huile, du sel, du vin associé pour aboutir aux sacrifices sanglants tels que poules, coqs et chèvres. Le culte étant à l'honneur des ancêtres décédés, fait également appel aux médiums qui en invoquant les morts, sont sensés communiquer avec eux et transmettre aux célébrants leurs volontés, leurs sentiments et leurs envies, c'est généralement le voyant «*kep-nsi* » du village qui joue ce rôle, en se servant parfois d'une araignée géante « *ngoo* » ou tarentule qu'il consulte souvent dans un trou. Les sacrifices qui interviennent ne pouvant être accomplis par n'importe qui, ce culte fait également appel à des sacrificateurs traditionnels désignés, qui peuvent être les successeurs ou le magicien « *ngacak* » du village.

Ce culte ne répond pas à un calendrier précis, mais dépend des exigences et sollicitations des ancêtres exprimées à travers le médium.

Pour bien illustrer cela je raconterai ici ma propre expérience : longtemps avant ma conversion, en 1979, têtu et ayant échoué le concours et CEPE cette année-là, mon feu père décide de m'envoyer au village habiter avec ma grand-mère. Arrivé au village quelque temps après, je suis tombé gravement malade au point de ne pouvoir ni me lever, ni manger, ni bouger. Ma grand-mère au lieu de m'amener au centre de santé du village, à mon grand étonnement est plutôt allée voir le médium du village. Ce dernier, après invocation et consultation a dit que mon mal venait de la colère d'un de mes ancêtres décédé lors du maquis, et qui avait été enterré sur l'une des collines «*depnga*» du village. Ce dernier était fâché dit-il du fait que son crâne était abandonné sous la pluie et ajouta pour terminer, qu'il fallait d'urgence construire un hangar pour l'abriter. Ce même jour elle contacta le magicien du village qui s'organisa avec mon oncle, mes cousins et très tôt le matin, ils se rendirent sur ladite colline. Ne sachant pas le lieu et la position exacte de la tombe, le magicien après invocation et incantation, finit par pointer un endroit disant c'est ici. Aussitôt tous se mirent au travail et vers la fin de la matinée, le hangar était terminé et le magicien, sacrificateur traditionnel, entra dans le hangar avec une branche de l'arbre de paix et des graines de jujube fournis par la grand-mère. Après avoir prononcé des paroles d'apaisement appropriées, il déposa ces choses dans le hangar et sortit satisfait en rassurant que l'ancêtre ait accepté le sacrifice et qu'ils pouvaient rentrer en paix.

Chose curieuse, de retour ils me trouvèrent debout bien portant et jouant avec mes amis, moi qui le matin de la veille ne pouvais même pas bouger, et cela a vraiment beaucoup marqué mon enfance. Cette expérience m'a fait découvrir que ces coutumes seraient soutenues par des forces jusque-là inconnues de moi et « la mésaventure de ce jeune homme qui, ayant vécu dans son village avec ses parents dans la coutume et les traditions, se retrouve en ville après la mort de ses parents, devenu plus tard membre d'une certaine dénomination décide de tourner le dos aux coutumes et au culte des crânes ; revenu dans son village pour montrer son zèle, il rassembla les crânes de ses ancêtres et les jeta dans la rivière. Ce fut du jamais vu dans le village et les villageois ne lui donnaient pas deux jours à vivre, effectivement le jour qui suivait, il fut frappé et mourut ». Cette histoire m'amena à comprendre que ces forces étaient puissantes et redoutables, pouvant même conduire à la mort et que leur résister serait une folie, pour celui qui est attaché à ce culte. D'où la résignation des célébrants n'ayant pas d'autre option, que de les nourrir et les entretenir pour éviter leur colère.

2- Le mariage.

Le mariage est une occasion de fêter et de réjouissance qui chez nous comporte trois phases :

- le toquer à la porte ou introduction ;
- la dot ou mariage coutumier ;
- la célébration civile, le tout scellé bien entendu par la bénédiction des ancêtres qui ne va pas sans sacrifice. Ce sacrifice se fait après le mariage coutumier et dans la liste de la dot figure toujours la chèvre et la tine d'huile destinée au grand-père maternel de la mariée qui sert au sacrifice de bénédiction.

Pour mieux illustrer cela, prenons encore le témoignage de ma maman : « Après le mariage coutumier, nous sommes allés mon mari et moi dans la concession de mon feu grand-père maternel où nous avons trouvé son successeur. Lui ayant remis la chèvre et la tine d'huile, nous lui avons fait part de l'objet de notre visite. Ayant reçu de nos mains les objets apportés, il nous a conduits dans la case des crânes et là sur le crâne de grand-père, il a coupé l'oreille de la chèvre et l'a jetée sur le crâne puis a pris un peu d'huile qu'il a répandue aussi, ensuite avec une herbe appropriée, il a malaxé le sang, l'huile répandue avec la terre au-dessus du crâne et il a pris le mélange obtenu appelé « *tcheutcha* » qu'il a appliqué sur ma poitrine, en invoquant la bénédiction des ancêtres sur moi, après quoi j'ai rejoint mon mari dans le foyer ».

Il est à noter ici que, les conséquences peuvent être graves, lorsque le sacrifice n'est pas agréé et c'est ce que la suite du témoignage va nous faire voir : « Dix-sept ans de mariage après, mon deuxième fils fut atteint d'une maladie mentale qui le rendait fou. Nous l'avons amené au centre Jamot, mais il refusait de boire les remèdes. C'est alors que mon mari alla consulter le voyant au village et ce dernier lui révéla que le sacrifice que nous avons offert au grand-père, n'avait pas été agréé, soit disant parce que le successeur, ne l'avait pas offert sur le crâne qu'il fallait, c'est-à-dire celui du père de ma mère et que c'est la malédiction « *ndou* » de ce dernier qui avait attrapé l'enfant. Pour enlever cette malédiction «*ti ndou*», il fallait que mon mari refasse le sacrifice de la chèvre et de la tine d'huile, après quoi nous avions amené l'enfant chez une femme, qui nous avait été indiquée. Elle le soigna et il reprit ses sens ; et celui de qui on avait dit qu'il ne fréquenterait plus, est aujourd'hui ingénieur agronome, récemment promu chef de service dans son ministère.

Mais quelque temps après, moi-même je suis tombée gravement malade. Ayant consulté le médium, il me dit que c'est la malédiction «*ndou*» de mon grand-père qui m'avait arrêté et ceci pour la même raison. Mon époux se rendit une fois de plus dans la concession de mon grand-père, heureusement l'ancien successeur n'était plus et le nouveau, plus avisé, pu offrir le sacrifice sur le crâne qu'il fallait après quoi, je recouvrais la santé et depuis ce temps je n'ai plus ressenti cette malédiction. Ma sœur aînée a eu le même problème et a eu à faire, le même sacrifice quatre fois avant de retrouver la guérison.»

3-Les funérailles

Dans la tradition, les funérailles tiennent une place primordiale selon l'importance qu'on lui donne et la contrainte de la tradition nous fait croire, que nous avons une obligation de penser à nos morts plusieurs années après leur décès et d'organiser en leur mémoire, un grand festin en vue d'un souvenir d'eux pour ne pas les oublier. Et à cette occasion chaque famille qui organise les funérailles, est tenue de prouver aux yeux des autres, qu'elle a organisé les plus grandes funérailles possibles. Le deuil est porté pendant l'enterrement et jusqu'à la neuvaine. La neuvaine n'a pas le même poids que les funérailles qui seront organisées longtemps plus tard ; si pendant le deuil proprement dit, on est dans les pleurs, il est à remarquer que dans les funérailles c'est plutôt la joie.

On chante, on danse à cœur joyeux, on mange, on boit à satiété ; on chante les dernières chansons du défunt, on mange sa dernière nourriture, on boit son dernier vin et c'est toute la famille au sens le plus large possible qui est mise à contribution ; et les funérailles qui n'ont pas réussi sont une malédiction pour l'ensemble de la famille. Çà c'est la conscience collective, car si l'on n'a pas bien organisé les funérailles, on risque de les reprendre un jour, parce que les esprits ne se sont pas endormis, faute de ne les avoir pas bien nourris ; c'est pourquoi on est tenu de mettre le paquet. Mais en réalité les funérailles ne se limitent pas seulement au côté des festins, mais elles vont souvent chercher même dans le monde invisible, parce qu'à cette occasion même les morts doivent manger car dans la tradition, on pense que les morts ne sont pas morts. Ils continuent d'exister comme membres de la famille, ils ont leur place et doivent aussi prendre part au grand festin qu'on organise à travers les funérailles.

C'est pourquoi avant toute cérémonie, on doit leur offrir des sacrifices et c'est le chef de famille qui est tenu de le faire. Très tôt le matin du grand jour, on se rend chez les ancêtres et c'est là que tout va commencer. La nourriture est spéciale, la sauce jaune dans un canari, du vin blanc, de l'huile de palme, du sel, de la viande de porc ou de chèvre etc. On asperge ce repas sur les crânes des ancêtres, en proférant des paroles de bénédictions et en leurs demandant de venir en aide à la famille.

C'est alors que le premier tamtam peut être joué et que la fête peut commencer, parce que les ancêtres ont déjà eu leur part. Mais auparavant, on aura d'abord fait manger le chef du village et c'est lui qui après satisfaction, fixe la date des festivités, du jour des funérailles. Rappelons que ceci se passe plusieurs années après le décès de celui ou celle pour qui on organise les funérailles. À cette occasion, on pense à

plusieurs autres décédés de la famille, on danse aussi pour eux car si les morts ne sont pas morts, la mort elle-même est une très mauvaise chose et pendant cette cérémonie de danse des coups de fusils doivent retentir, pour « tuer » la mort et consoler ceux qui en ont été victimes.
Donc quand on tire des coups de feu aux funérailles, c'est sur la mort qu'on tire. Le constat que nous pouvons faire ici, c'est que la pratique des funérailles d'après la tradition, fait également appel aux sacrifices contrairement à ceux exprimés dans la bible (Genèse 50:1-11). Selon la bible les funérailles c'est le deuil qui est porté du décès jusqu'à l'enterrement. L'enterrement marque la fin des funérailles, les funérailles c'est l'enterrement. Selon la bible quand on est à l'enterrement, on est en train de faire les funérailles bibliquement parlant.

4-Les rites

Le lavement du mauvais sort

Lorsque vous arrivez à un carrefour à l'aube (le grand matin) et que vous trouvez une calebasse cassée, des feuilles vertes avec un œuf, de l'huile, des écorces et le tout baignant dans une potion, sachez dès lors que quelqu'un vient de se faire laver d'un mauvais sort. Dans certaines traditions, il existe ces rites qui varient d'une région à une autre, mais le fond est le même. Lorsque l'on constate que l'on n'a la malchance, que les choses ne tournent plus bien, qu'on vous accuse souvent pour rien et bien d'autres choses encore et que vous allez consulter le voyant, qui vous dit alors que vous portez sur vous un mauvais sort, qui vous a été lancé soit par un voisin ou une de vos parentés morte ou vivante, soit que vous l'avez traversé, alors celui-ci vous propose de vous aider. Le traitement consiste très souvent en une sorte de lavement dans la nuit, soit au bord de l'eau soit en plein carrefour. Lorsque vous l'avez fait, il vous dit que vous êtes purifié et celui qui passera par là le premier juste après vous, se chargera aussitôt de ce mauvais sort que vous venez de déposer là. Ici encore comme nous pouvons le constater, ses rites s'accompagnent toujours des sacrifices qui varient au gré du traitant.

II - ORIGINE ET BUT DES SACRIFICES

A -Origine des sacrifices

Je me suis posé la question que se sont posées et que se posent encore beaucoup de personnes aujourd'hui à savoir : d'où viennent les sacrifices ? Cette question, je l'ai posée à mon feu père, c'était vers le début de l'année 1996. Un jour il est rentré du village me trouvant dans mon lieu de service, il me dit tout triste qu'on a mis quelque chose dans mon ventre et que si rien n'est fait d'urgence pour me soigner, je vais mourir et il ajouta qu'il lui fallait très vite m'amener au village pour me soigner, avant qu'il ne soit trop tard.

A cette époque, j'avais déjà cru au Seigneur Jésus-Christ et face à cette triste nouvelle, je suis rentré dans ma chambre et j'ai fermé la porte. Je me suis mis à genoux et j'ai prié Dieu de me révéler, si cette nouvelle était vraie ou fausse. Il m'exauça et me révéla que je n'avais rien dans le ventre. Alors j'ai résolu de ne pas suivre mon père au village, le soupçonnant de vouloir par ruse, m'entrainer dans le culte des ancêtres. Ce refus plongea la maison dans le deuil, tous me suppliaient d'aller au village me soigner car la peur de me voir mourir les avait tous saisis, surtout ma mère qui se lamentait en disant : « oui tu vas mourir, mais c'est moi ta pauvre maman qui va perdre et souffrir ».

Cette situation alarmante m'amena à me prosterner de nouveau devant Dieu pour lui demander, s'il me permettait ou pas de me rendre au village. Je ne reçus aucune réponse et compris alors qu'il importait peu que j'aille ou pas, car après tout Dieu m'avait déjà montré qu'il n'y avait rien dans mon ventre. C'est ainsi que j'ai résolu de me rendre avec mon papa au village par curiosité, afin de découvrir ce qui se cachait derrière tout cela. Chemin faisant, il fit escale au village voisin en me demandant d'avancer et qu'il me rejoindrait plus tard au village.

Rentré vers la tombée de la nuit, il prit son bain et s'assit à table.

M'étant approché, je me suis assis auprès de lui. Après l'avoir salué, je lui ai posé la question qui me brûlait les lèvres à savoir : « d'où lui vient l'idée de la pratique des sacrifices » ? Il m'a répondu et dit : « de mon père c'est lui qui m'a initié » ; et ton père qui l'a initié, rétorquai-je ? Il répondit « mes ancêtres » ; et tes ancêtres, poursuivis-je ? Il répondit : « les ancêtres de mes ancêtres, qui eux aussi ont été initiés par les ancêtres de leurs ancêtres et ainsi de suite ... » et je lui ai dit : père dis-moi qui est le premier ancêtre qui a eu l'idée de pratiquer le premier sacrifice ? Hésitant, ne sachant pas trop quoi répondre, il me dit : « je ne le sais pas, mais tout ce que je sais, c'est que nous sommes tous nés et nous avons trouvé les choses comme ça. »

Cette réponse m'a fait comprendre que, bien que fervent adepte des sacrifices, il était ignorant quant à leur origine. Comme tous les autres adeptes, il l'a trouvé et s'est mis à le perpétuer, sans jamais chercher à savoir ni d'où ils venaient, ni pour quel but ils étaient pratiqués. Fort de ce constat, avec l'inspiration que Dieu me donna et en m'appuyant sur la parole de Dieu, je me mis à lui expliquer et lui faire comprendre qu'en remontant la suite des ancêtres dont il a fait mention, nous aboutissons au premier ancêtre commun à tous les êtres humains du monde après le déluge, qui est Noé. Seul survivant avec sa famille (huit personnes) du déluge qui dura quarante jours et quarante nuits et qui fit périr tous les hommes sur la terre (Cf. Genèse7 : 1 à Genèse 8 : 19 et 1Pierre 3 : 19-20).

Après le déluge Dieu rendit Noé fécond, le multiplia (Genèse 9 : 1) et remplit à nouveau la terre, en sorte que le patriarche Noé n'est pas seulement l'ancêtre de notre famille papa, mais il l'est aussi pour toutes les autres familles qui peuplent actuellement la terre. En réalité tous, les habitants de la terre ne forment qu'une famille étant issue du même sang (Actes 17 : 26). Maintenant examinons un peu le témoignage de la vie de Noé, elle nous montre qu'il a sacrifié et c'est même la première chose qu'il fit dès sa sortie de l'arche (Genèse 8 : 18-20). Papa à la question que je t'ai posée dont la réponse t'a échappé à savoir : qui a initié les ancêtres de tes ancêtres et même ceux de toutes les autres familles de la terre à l'idée de la pratique des sacrifices ? La réponse paraît maintenant plus évidente et saute aux yeux, c'est bel et bien Noé leur ancêtre à tous.

En posant à Noé les mêmes questions que je t'ai posées, je suis certain qu'il me donnera les mêmes réponses que toi papa et en remontant la suite de ses ancêtres avant le déluge, nous aboutissons à Caïn et Abel, dont le témoignage montre qu'eux aussi ont sacrifié (Genèse 4 : 1-6). Ainsi Noé à travers les ancêtres de ses ancêtres a été initié par Caïn et Abel. Pour terminer en interrogeant Caïn et Abel afin de savoir celui qui les a initiés à l'idée de la pratique des sacrifices, on s'attend naturellement qu'ils répondent comme toi papa que c'est leur père Adam, qui soulignons-le est le premier homme (Genèse 3 : 20) créé par Dieu et le dernier ancêtre de l'homme. Mais son témoignage fait voir qu'il n'a pas sacrifié. Dans ce cas dis-moi un peu papa, comment peux-tu dire que ce sont nos pères qui sont à l'origine de l'idée de la pratique des sacrifices, si le père de tous nos pères, Adam n'a pas sacrifié ?

Un peu embarrassé, il me dit là je suis confus. Si ce n'est donc pas nos pères, qui ça peut bien être ? Très belle question papa. Pour répondre à ta question revenons à la Genèse et remarquons, qu'avant de chasser Adam et Ève du jardin d'Éden, l'Éternel Dieu fit à Adam et à sa femme des habits de peau, et il les en revêtit (Genèse 3 : 21) ; et pour avoir la peau de la bête, il a bien fallu que l'Éternel la sacrifie. Ainsi papa comme tu peux bien te rendre compte, ce n'est pas ton père, mais c'est l'Éternel Dieu qui est le premier sacrificateur. Et c'est lui qui initia l'esprit de la pratique des sacrifices.

B -But et destination des sacrifices aujourd'hui.

1 -Chez les Israélites

« Dans son acception générale, le terme sacrifice peut désigner n'importe quel rite religieux constituant une offrande à Dieu : les

Israélites offraient à Yahvé des animaux, des végétaux, du pain, de l'huile, du vin, etc.

- Dans un sens plus restreint et plus commun, le terme de sacrifice désigne plus particulièrement l'offrande sanglante.
- C'est dans son sens le plus large que nous emploierons ici le mot de sacrifice.

Au temps de Jésus, le culte quotidien du matin, dans le Temple de Jérusalem, consistait en un sacrifice, le sacrifice de l'agneau,

- puis en un service où un prêtre priait devant le peuple et lui lisait la loi,
- enfin en une offrande de parfums sur l'autel d'or. Un second culte analogue avait lieu avant le coucher du soleil. Le reste de la journée était consacré aux sacrifices des particuliers par exemple l'offrande des mères après leur délivrance (une paire de tourterelles). Les sacrifices particuliers étaient extrêmement nombreux pendant les fêtes, spécialement à la Pâque.

Mais, à l'époque de Jésus, le rite du sacrifice avait eu une très longue histoire et subi des modifications profondes dans sa forme et dans son inspiration.

- Depuis la réforme deutéronomique de l'an 622 avant J.-C., on ne sacrifiait plus que dans le Temple de Jérusalem, tandis qu'auparavant, et depuis l'entrée du peuple en Canaan, les sacrifices s'accomplissaient dans tous les sanctuaires du pays.

L'idée même du sacrifice avait évolué à travers les âges. A l'origine, il semble que cette idée ait été avant tout celle d'une communion avec la divinité par le partage d'une même nourriture. Quand deux hommes de tribus différentes voulaient conclure une alliance, ils ne se contentaient pas d'établir entre eux un pacte d'amitié, ils créaient le lien du sang et ainsi devenaient frères. Pour cela, il fallait ou bien boire un peu du sang l'un de l'autre, ou bien boire tous deux le sang d'un même animal, ou bien, enfin, plus simplement manger d'une même nourriture (Genèse 31:54) qui devenait en eux, pensait-on le même sang.

Ainsi s'explique-le fait que l'hospitalité créait, dans l'antiquité, de tels liens entre les hommes : avoir mangé à la même table, c'était être devenus parents et alliés; tout repas en commun était une communion.

Cette coutume fut transposée naïvement du domaine des relations humaines au domaine des rapports de la tribu, ou du village, ou de l'individu avec son Dieu.

Pour faire alliance avec la divinité, on célébrait, dans le sanctuaire, un repas sacré où la nourriture était partagée entre Yahvé et ses adorateurs : ceux-ci étaient les invités de leur Dieu qui leur accordait la grâce de son alliance.

Le récit d'un sacrifice de ce genre nous est donné avec assez de détails dans l'histoire de la première rencontre de Saül et de Samuel. (1Samuel 9:11-24) Yahvé recevait le sang et la graisse de la victime, et le repas était ainsi une communion avec la divinité.

- De cette idée du repas en commun avec Dieu, on arriva tout naturellement, puisque Dieu absorbait de la nourriture, à l'idée qu'il fallait lui en offrir d'une façon régulière. Le sacrifice devint de plus en plus le repas de la divinité. Et la signification du rite pour l'adorateur était, de ce fait, transformée du tout au tout, puisque ce n'était plus Dieu qui accordait une grâce à l'homme, mais l'homme qui donnait à Dieu.

Nous avons, dans l'Ancien Testament, bien des pages où cette conception du sacrifice est évidente. L'autel est appelé par Malachie «La table de Yahvé». (Malachie 1:7,12) Sur cette «table» étaient renouvelés continuellement (Nombres 4:7) les pains de proposition. (1Samuel 21:5). Les prêtres «offrent à Yahvé les sacrifices consumés par le feu, qui sont la viande de leur Dieu». (Lévitique 21:6)

- Cette nourriture de la divinité était un présent de ses adorateurs.

On conçoit donc que cette idée d'un don à Dieu soit devenue par la suite, prépondérante dans la conception du sacrifice. Pour être agréable à Yahvé, pour obtenir quelque chose de lui, ou pour se le rendre généralement favorable, on lui offrira le meilleur de ce que l'on possède, les prémices de sa récolte, les premiers-nés de son bétail. Mais parce qu'il ne s'agit plus simplement d'un repas à offrir à son Dieu, mais d'un don à lui faire, on pourra lui offrir autre chose que de la nourriture. Il acceptera d'autres présents, et les plus précieux, sans doute, seront les plus efficaces.

C'est ainsi que les Israélites, adoptant les coutumes du pays de Canaan, en vinrent à pratiquer les sacrifices d'enfants, comme en témoignent l'histoire d'Achab et de Manassé faisant « passer leurs fils par le feu ». (2Rois 16:2; 21:6) Aucun don, pensait-on, ne pouvait mieux prouver à Dieu l'absolu dévouement de ses enfants, aucun ne serait plus puissant pour obtenir sa faveur. (Cf. Genèse 22:1; 12 ; Michée.6:7)

Et pendant longtemps les prophètes protesteront en vain contre cette religion barbare.

- Donner (Jérémie 7:31; Ezéchiel 20:25-26) à Dieu, en tout temps, ce qu'il aime fut donc une idée dominante du sacrifice; mais il était d'autant plus urgent de lui offrir des présents lorsqu'on l'avait irrité, pour apaiser sa colère. Le sacrifice pour le péché, le sacrifice expiatoire, était donc un développement logique de l'idée précédente. Mais ce développement du sacrifice en acte d'expiation finit par effacer presque complètement les idées primitives de communion et de repas et, dans une certaine mesure, l'idée même d'un don fait à Dieu.

Après l'exil, tout le culte d'Israël est en fonction du besoin d'expiation, qui est devenu le sentiment dominant de la religion. Mais, en même temps, l'exagération du ritualisme fut telle que la valeur religieuse du sacrifice fut gravement compromise. En théorie, les sacrifices ne pouvaient expier que des péchés commis par inadvertance ou par ignorance. En pratique, on y recourait pour effacer d'autres manquements.

La loi d'autre part, donnait si exactement la ligne de conduite à suivre pour l'expiation des péchés que le fidèle était assuré d'obtenir le pardon de ses fautes par la simple observation des rites prescrits.

Tout était prévu, même les péchés ignorés du pécheur. Pour que ces fautes involontaires dont on n'a pas connaissance, et qui n'ont pas été expiées par des sacrifices particuliers, ne risquent pas de souiller le sanctuaire et de rendre inefficace le culte entier, il fut institué un grand jour des expiations, une sorte de fête du grand pardon (Lévitiques 16). L'expiation n'est pas seulement devenue mécanique, elle est devenue certaine; assurée, infaillible, couvrant tout péché pour le peuple entier, à une seule condition, qu'il soit observé.

Voilà le terme de l'histoire du sacrifice en Israël. On ne connaît cependant pas toute l'histoire si l'on néglige de rappeler que quelques hommes, au VIIIe siècle avant J.-C., en particulier Amos et Osée, ont dénoncé toute la religion sacrificielle comme contraire à la volonté de Dieu et ont prêché la religion du plus pur spiritualisme. « M'avez-vous fait des sacrifices et présenté des offrandes au désert pendant quarante années, maison d'Israël ? Je hais, je méprise vos fêtes, je ne puis sentir vos assemblées... Mais que la droiture soit comme un courant d'eau et la justice comme un torrent qui ne tarit jamais! » (Amos 5:21-25) S'il a fallu un intervalle de sept siècles avant que le même idéal reparaisse dans le monde avec l'Évangile de Jésus-Christ, c'est que d'autres prophètes, moins absolus dans leur condamnation de la religion traditionnelle et plus frappés, en tous cas, par la nécessité pratique de donner au peuple un culte extérieur, ont essayé de réformer la religion que leurs prédécesseurs reniaient. Jérémie, Ézéchiel et ceux qui ont suivi ces inspirateurs étaient assurément d'ardents spiritualistes, mais ils ont concédé une large part au ritualisme qui, plus tard, dans le judaïsme, a tout envahi. » (Cf. Lexique de la Bible (113) (Livre / Thème) (24/76).

2- Chez les animistes

Dans l'animisme (croyance dans laquelle les personnes vénèrent des âmes ou des esprits). Les animistes pensent que ces esprits habitent toutes les formes de vie de la nature (les animaux, les plantes), mais aussi les lieux comme les sources, les rivières ou les montagnes, ou encore des objets comme des statuettes et ou des masques. Le mot animisme vient du latin *anima,* qui veut dire « âme ») qui existe dans de nombreuses régions du monde. On le trouve par exemple en Océanie (en Polynésie et en Papouasie-Nouvelle-Guinée), en Asie du Sud-est (en Birmanie, en

Indonésie), en Afrique (Afrique du Sud, au Congo, au Bénin, au Mali, au Sénégal), ainsi que chez beaucoup de peuples d'Amérique du Nord et du Sud, et chez les Inuit, un peuple de l'Arctique.

Les hommes craignent la colère de ces âmes et essaient de ne pas les offenser. Pour les apaiser et leur plaire, ils pratiquent de nombreux rites, comme des offrandes ou des sacrifices d'animaux. Les hommes font appel au sorcier ou au chaman pour obtenir des bienfaits des ancêtres, comme par exemple des guérisons ou de bonnes récoltes. Ils leur demandent aussi de leur donner des informations sur l'avenir ou des conseils pour leur vie de tous les jours.

3-Chez les pratiquants du vaudou

Dans le vaudou, religion née en Afrique de l'Ouest, toujours pratiquée de nos jours, dans certaines régions d'Afrique mais aussi dans des pays comme le Brésil ou Haïti. Son nom vient du mot *vodou,* qui signifie « esprit » dans une langue du Bénin.

Le culte est rendu par des sorciers appelés hou gan. On accomplit des danses, des chants accompagnés par la musique des tambours pour rentrer en contact avec les esprits et leur demander des conseils, obtenir la guérison d'un malade ou encore connaître l'avenir. Lorsqu'un esprit se manifeste, il est dit qu'il prend possession des danseurs. Ceux-ci entrent alors en transe (un état particulier détaché de la réalité), et agissent à la façon des esprits qui les habitent.

Pour communiquer avec les esprits on pratique aussi des incantations, des offrandes et des sacrifices de volailles et d'animaux. Il existe aussi certains éléments empruntés aux pratiques du christianisme, comme le baptême, les bougies ou les croix.

4- Chez les Bétis

Les Bétis que l'on retrouve généralement dans le centre et sud Cameroun et particulièrement dans le département de la Lékié, plus précisément dans l'arrondissement d'Obala où je réside, sont monothéiste; très religieux ils sont généralement catholiques et parfois presbytériens. Ils sont fortement attachés à leur coutumes et traditions dans lesquelles les sacrifices interviennent parfois; tel que lors des deuils, avec des instruments appropriés "nkul", à minuit, ils offrent à leurs ancêtres le sacrifice des lèvres qui invoque l'esprit des morts afin, qu'ils viennent chercher et accompagner le mort dans leur royaume.

Dans les funérailles quelque temps après l'enterrement, le rite consistant à danser autour de la tombe et d'invoquer le mort afin de manger avec lui le dernier repas préparé spécialement à son honneur; tel que ce rite lors de certaines cérémonies de fin d'apprentissage où on sacrifie une chèvre ou un porc et on recueille son sang que l'on mélange avec vin rouge, toutes sortes de bières disponibles, de jus, de vin de palme, de whisky... et que l'on donne à boire au future patron "maa bissa" accompagné des invocations et paroles de bénédictions...

5-Chez les Aztèques

Chez les Aztèques (à l'origine d'un empire puissant qui prospère dans le centre et le sud du Mexique du XIVe au XVIe siècle), la vie religieuse est basée sur le culte de nombreux dieux. Les plus importants sont Huitzilopochtli, dieu du Soleil, Coyolxauhqui, déesse de la Lune, Tlaloc, dieu de la Pluie, et Quetzalcóatl, dieu de la Vie. Les rites sont marqués par la pratique de sacrifices d'animaux et d'êtres humains.

6- Chez les Inca

Chez les inca, peuple originaire de la vallée de Cuzco, au Pérou, l'empereur, également désigné par le mot « Inca », qui signifie « Fils du Soleil », est considéré comme un dieu vivant. Il est vénéré par l'ensemble de la population. La vie religieuse des Incas repose aussi sur l'adoration de divinités comme Inti, le dieu soleil, mais surtout sur le culte rendu à Vira cocha, dieu du ciel créateur de l'Univers, auquel les Incas offrent de nombreux sacrifices.

7- Chez les pratiquants du « famla » ou « Kong ».

Le « famla » chez les Bamilékés ou « le Kong » chez les Bétis, sont des sociétés sécrètes dans lesquelles sont pratiqués des nombreux rituels. Les ritualistes utilisent ici des sacrifices humains, dans le but de s'enrichir, être puissants et influents dans la société.

8- Chez les membres des sectes pernicieuses.

Dans les loges telles que rose croix, franc maçonnerie, eckankar etc... de nombreux rites et sacrifices sont offerts à Lucifer, dans le but d'asseoir et de conserver le pouvoir et plusieurs grands hommes d'État et hommes d'affaires y sont plongés. Ces quelques exemples de sacrifices pris dans le monde nous font voir que les destinations de ceux-ci sont multiples : des statuettes, aux âmes et esprits des ancêtres décédés, à l'homme en passant par des multiples dieux, pour arriver à Lucifer (Satan, le diable, le serpent ancien). Les buts sont également multiples : pour apaiser et plaire aux esprits ou aux âmes, obtenir des bienfaits des ancêtres, comme par exemple des guérisons ou de bonnes récoltes, pour obtenir des informations sur l'avenir ou des conseils pour la vie de tous les jours ; pour communiquer avec les esprits, rendre un culte aux dieux, à Lucifer, s'enrichir, être puissant et influent dans la société, asseoir et conserver le pouvoir. La question qu'on peut se poser est celle de savoir si cela répond aux attentes de son initiateur, le Dieu créateur?

C -But et destination des sacrifices à l'origine.

Maintenant que nous sommes d'accord, pour reconnaître Dieu comme l'initiateur du sacrifice, lorsque nous considérons la destination et les raisons multiples qui poussent les gens à sacrifier, nous nous demandons si cela répond aux attentes de Dieu l'initiateur ? Sinon quel était son but à l'origine quand il initiait le sacrifice ? Pour répondre à cette question examinons l'histoire du sacrifice dans la parole de Dieu.

1-Le premier sacrifice

Le livre de la Genèse nous apprend qu'après qu'Ève et Adam, séduits par le serpent (Satan) aient transgressé l'ordre de l'Éternel en mangeant du fruit de l'arbre défendu, les yeux de l'un et de l'autre s'ouvrirent, ils connurent qu'ils étaient nus, et ayant cousu des feuilles de figuier, ils s'en firent des ceintures. A la voix de l'Éternel, à son appel l'homme et sa femme se cachèrent loin de la face de Dieu. La communion était rompue, ils ne supportaient plus la présence de Dieu, la confiance avait disparu et c'est la peur qui s'était emparée d'eux. Malgré le vêtement de feuilles qu'ils s'étaient fait, la conscience de leur nudité persistait, la honte (qui est le péché Pr14 : 34) s'était installée car la gloire de Dieu qui les couvrait s'était élevée au-dessus d'eux ; par leur désobéissance ils ont transgressé l'ordre divin et se sont privés de sa gloire. Désormais pour eux le processus du retour à la poussière était déclenché et la porte de la mort éternelle grandement ouverte ; bref l'homme était perdu et n'attendait que recevoir du Dieu juste, le salaire que mérite son péché à savoir la mort éternelle. L'exécution de la sentence : « ...tu mourras. » (Ge2 : 17) avait pour conséquence l'extinction immédiate et définitive de la race humaine. Ainsi l'homme à peine créé était aussitôt appelé à disparaître par sa propre faute.

Imaginons un instant un monde sans homme, c'est-à-dire un monde d'animaux avec peut-être pour chef le lion, tel aurait été aujourd'hui le monde. Rendons grâce à Dieu qui à cause de sa grande miséricorde n'a pas abandonné l'homme à son triste sort, mais a pourvu un moyen d'expiation ou de réparation de la faute commise. Le livre de la genèse (Ge3 : 21), nous apprend qu'avant de les chasser du jardin d'Éden : « L'Éternel Dieu fit à Adam et à sa femme des habits de peau, et il les en revêtit ». Pour couvrir la nudité (la honte ou péché) d'Adam et Ève, Dieu utilise la peau de la bête pour leur faire des vêtements ; or pour obtenir la peau de la bête, il a d'abord fallu que Dieu la sacrifie, que son sang soit versé et que la bête meurt. Pour sauver l'homme et préserver la race humaine, Dieu procède au premier sacrifice.

Nous assistons ici à la première mort, qui en fait était une mort de substitution. Car en effet Dieu recouvre l'homme, de l'innocence de la bête en faisant retomber sur elle (qui prend ainsi la place de ce dernier), la faute et le châtiment qu'il méritait. Ainsi donc Dieu est l'auteur et le destinataire du premier sacrifice et son but était de manifester sa miséricorde et sa justice. Sa miséricorde en n'imputant pas à l'homme son péché et sa justice en faisant retomber le châtiment de l'homme sur son substitut la bête sacrifiée, ébauchant ainsi le plan de rédemption et de salut de la race humaine.

2-Premier sacrificateur humain

La remontée aux origines nous a fait voir que, la pratique des sacrifices n'est pas seulement l'affaire des bamilékés, mais celle de la race humaine toute entière, qui ne forme qu'une famille, étant issue du même sang, celui d'Adam le père de tous les hommes. Adam le premier homme n'a pas sacrifié, cependant a été le témoin (Ge3 : 21) du sacrifice du premier sacrificateur qui est Dieu ; (Ge4 :3-5) nous dit au sujet de ses deux fils que : «*...Abel fut berger, et Caïn fut laboureur. Au bout de quelque temps, Caïn fit à l'Éternel une offrande des fruits de la terre; et Abel, de son côté, en fit une des premiers-nés de son troupeau et de leur graisse. L'Éternel porta un regard favorable sur Abel et sur son offrande; mais il ne porta pas un regard favorable sur Caïn et sur son offrande...*».Ce verset fait voir que le premier sacrificateur humain fut Caïn et Abel et que certainement inspirés du témoignage de leur père, c'est à Dieu qu'ils offrirent leur sacrifice.

Dieu a agréé Abel et son offrande et rejeté Caïn et son offrande, la question qui brûle les lèvres ici est celle de savoir pourquoi cette préférence ? La réponse est simple. Caïn et Abel n'ont jamais assisté à un sacrifice puisque Adam leur père n'a pas sacrifié. Mais ayant été témoin, Adam a donné à ses deux fils, le témoignage du premier sacrifice que l'Éternel fit pour couvrir sa nudité et c'est à travers ce témoignage, qu'ils ont eu l'idée du sacrifice, tel que Dieu l'avait pratiqué. Les deux ayant entendu le témoignage de Dieu, l'aîné Caïn n'a pas cru et a préféré faire sa propre volonté, en offrant à Dieu ce que lui-même avait conçu de donner, des fruits de la terre (Ge4 : 3). Caïn, en rejetant ainsi la pensée de Dieu, épousait ainsi la pensée de l'opposant, qui est Satan pour faire sa volonté (Mt16 : 21-23). Ainsi bien que disant sacrifier à Dieu, c'est plutôt à Satan qu'il le faisait ; c'est pour cela que Dieu l'a rejeté lui, qui en épousant l'esprit de Satan, s'est identifié à lui ; et son offrande qui ne répondait pas au plan divin, le but étant de défier l'éternel en se mesurant à lui. Le cadet Abel par contre a cru à Dieu et a agi conformément au témoignage qu'il a reçu de son père, en faisant à l'Éternel une offrande de l'un des premiers-nés de son troupeau et de leur graisse (Ge4 : 4). Ainsi Dieu a préféré Abel, à cause de sa foi qui lui a permis d'épouser la pensée de Dieu, de faire sa volonté et lui être agréable. Car sans la foi, il est impossible de lui être agréable (He11 : 4,6).

3-Exemples de sacrifices dans la Bible :

-Caïn initiateur des sacrifices humains

Caïn, qui était du malin (1Jn 3 : 12), fut l'initiateur du sacrifice humain, lorsqu'il tua son frère et versa son sang sur l'autel de son père Satan (Ge4 : 8-11) ; et pourquoi le tua-t-il ? Par jalousie de ce que ses œuvres étant mauvaises, celles de son frère étaient justes et plus excellentes.

-Noé premier sacrificateur du nouveau monde

Noé fut le premier sacrificateur du nouveau monde, qui vit le jour après le déluge. Lorsqu'après avoir été sauvé lui, et sa famille des eaux du déluge, Noé offrit en holocaustes sur l'autel qu'il bâtit à l'Éternel, les animaux et les oiseaux purs qu'il sélectionna parmi ceux qui sortirent de l'arche, l'Éternel agréa ce sacrifice et résolut dans son cœur de ne plus maudire la terre, à cause de l'homme et de ne plus frapper tout ce qui est vivant, comme il l'avait fait (Ge8 : 20-22) ;

-Abraham mis à l'épreuve.

Le patriarche Abraham mis à l'épreuve par l'Éternel (Ge22 : 1-2) offrit son unique fils Isaac sur l'autel qu'il éleva, mais au moment de l'égorger, l'ange de l'Éternel l'arrêta et pourvut un bélier qu'Abraham sacrifia à la place de son fils (Ge22:5-13). Isaac était le fils de la promesse, qu'Abraham et Sara (qui était stérile) avaient attendu depuis près de vingt-cinq ans et c'est par lui que l'éternel avait promis de susciter à Abraham une postérité propre (Ro9 : 7). Demander le sacrifice d'Isaac, revenait alors à sacrifier la postérité promise. En effet, cette postérité était condamnée à mort, à cause de la nature pécheresse qu'elle avait héritée de leur ancêtre Adam. À travers cette épreuve, Dieu montre que la postérité d'Abraham devrait mourir, à cause du péché or cette postérité c'est Christ (Ga.3 : 16). Isaac apparaît ici donc comme un type de Jésus, le Christ qui devait être sacrifié pour expier les péchés de l'humanité. Si sa postérité devait mourir, c'est à cause de la désobéissance d'Adam à l'ordre divin ; or ici Abraham contrairement à lui, a eu foi et a obéi à l'ordre de Dieu (Ge22: 1-3, 9-11). À cause de cette foi obéissante d'Abraham, Dieu préserve sa lignée en l'empêchant d'égorger son fils. Pour satisfaire provisoirement à sa justice, Dieu lui avait accordé la grâce, de remplacer son fils par un substitut provisoire (le bélier qu'il a pourvu) en attendant la postérité promise, à savoir le Christ Jésus. Ainsi le sacrifice qu'Abraham fit à l'Éternel, avait pour but de couvrir le péché de son fils et le soustraire à la mort auquel il était exposé ;

- L'agneau pascal et le sacerdoce

Jacob devenu Israël (Ge32 : 28) le peuple de Dieu, a bénéficié de la faveur accordée à leur père Abraham, à savoir couvrir le péché par le sang d'un substitut provisoire ; déjà avec le salut des premiers nés d'Israël, grâce au sang de l'agneau pascal mis sur les linteaux des portes, lors de leur sortie de l'esclavage d'Égypte (Ex12 : 5-7, 11-13, 21-23) ; puis avec le sacerdoce que l'éternel institua au milieu d'eux, lors de la traversée du désert. En effet, un tabernacle fut construit au désert, un lieu de rencontre entre les israélites et leur Dieu (Ex25 : 8-9). Des sacrificateurs furent établis et un souverain sacrificateur pour officier dans ce sanctuaire (Ex27 : 1). Lorsqu'un individu ou même tout le peuple avait commis une faute et se rendait ainsi coupable devant l'Éternel, pour expier leur péché, il se présentait à l'entrée du sanctuaire avec une bête pure sans tâche ni défaut. Le sacrificateur la recevait, et le pécheur posait sa main sur la tête de la bête, puis le sacrificateur l'égorgeait et son sang était répandu autour de l'autel des sacrifices, à la place du sang du pécheur ; l'animal subissant ainsi le châtiment du pécheur, qui était ainsi pardonné (Lév4 : 1-35). Les Israélites ne sacrifiaient pas seulement pour l'expiation des péchés en vue du pardon, ils offraient également à l'Éternel des sacrifices d'actions de grâces (Lév3 : 1), des sacrifices de reconnaissance et d'actions de grâces (Lév7 : 11-15), des sacrifices pour l'accomplissement d'un vœu ou comme offrande volontaire (Lév7 : 16) et des sacrifices de culpabilité à l'Éternel (Lév5 et 6 : 1-7).

Après la sortie du désert lorsque le roi Salomon construisit un temple à l'Éternel, le tabernacle du désert fut introduit dans le temple, qui devint le sanctuaire de l'Éternel et Israël a ainsi continué à sacrifier dans le temple à Jérusalem. Ainsi donc Israël avait un lieu de rencontre avec son Dieu, à qui il offrait des sacrifices avec pour but : l'adorer, obtenir sa faveur, son pardon et exprimer leur gratitude, leur reconnaissance ou leur culpabilité.

Cet examen de l'histoire des sacrifices dans la bible nous montre que le but de son initiateur, Dieu à l'origine était de manifester sa miséricorde et sa justice envers Adam et Ève en préfigurant le plan de rédemption et de salut de l'humanité perdue.

En attendant la venue de la postérité de la femme qui devait écraser la tête du serpent (Ge3 : 16), qui n'est autre que celle d'Abraham, le Christ (Galates 3 : 16) qui devait réaliser parfaitement ce plan de rédemption, l'Éternel a permis aux hommes de sacrifier (la preuve c'est qu'il a agréé Abel et son sacrifice, il a demandé à Abraham de sacrifier et a même pourvu à son sacrifice (Genèse 22 : 5-13) bien plus il a organisé tout un sacerdoce centré sur les sacrifices) pour résoudre provisoirement le problème du péché, en permettant que les péchés soient couverts par le sang des bêtes sacrifiées, en attendant celui qui devait ôter, en portant sur lui les péchés de l'humanité. Car il est impossible que le sang des taureaux et des boucs ôte les péchés (He10 : 1-4).

Ainsi donc que le peuple Bamiléké ou tout autre peuple dans le monde ait sacrifié, n'est pas une faute devant Dieu, car il ne peut reprocher ce que lui-même a initié et permis ;

-Le sacrifice de Jésus

Jésus est le Messie, c'est-à-dire le Christ promis, donc la postérité d'Abraham qui était attendue (Jean 1 : 41, Jean 11 : 27, Actes 2 : 36). Il est venu il y'a plus de deux mille ans, comme l'agneau de Dieu qui ôte le péché du monde (Jean1 : 29, 36) : *« car il est impossible que le sang des taureaux et des boucs ôte les péchés. C'est pourquoi Christ, entrant dans le monde, dit: "Tu n'as voulu ni sacrifice ni offrande, Mais tu m'as formé un corps; Tu n'as agréé ni holocaustes ni sacrifices pour le péché. Alors j'ai dit : Voici, je viens dans le rouleau du livre il est question de moi pour faire, ô Dieu, ta volonté. Après avoir dit d'abord : Tu n'as voulu et tu n'as agréé ni sacrifices ni offrandes, Ni holocaustes ni sacrifices pour le péché ce qu'on offre selon la loi, il dit ensuite : Voici, je viens Pour faire ta volonté. Il abolit ainsi la première chose pour établir la seconde. C'est en vertu de cette volonté que nous sommes sanctifiés, par l'offrande du corps de Jésus-Christ, une fois pour toutes. Et tandis que tout sacrificateur fait chaque jour le service et offre souvent les mêmes sacrifices, qui ne peuvent jamais ôter les péchés, lui, après avoir offert un seul sacrifice pour les péchés, s'est assis pour toujours à la droite de Dieu, attendant désormais que ses ennemis soient devenus son marchepied. Car, par une seule offrande, il a amené à la perfection pour toujours ceux qui sont sanctifiés* » (Héb10 : 4-14).

Jésus-Christ est venu et a réalisé ce qui était figuré dans le symbole (les sacrifices d'animaux) en se chargeant des péchés de l'humanité, il s'est sacrifié lui-même et a ôté les péchés des hommes, au prix de son propre sang et a satisfait la justice divine, en subissant le châtiment qui était destiné aux hommes à savoir la mort «...tu mourras. » (Genèse2 : 17 ; Romains 3 : 23) mettant ainsi fin aux sacrifices d'animaux, par son propre sacrifice qui a une valeur éternelle (Héb9 : 14). C'est pour cela que Dieu dit qu'il n'agrée plus de sacrifice ni holocauste, le sacrifice de Jésus-Christ suffit. Nous n'avons donc plus besoin pour nous approcher de Dieu, d'offrir des sacrifices car Jésus l'a fait pour nous. Ce que Dieu demande maintenant, c'est de faire sa volonté en croyant à Jésus-Christ celui par qui, il a révélé clairement sa volonté pour l'homme. Ainsi l'Éternel initiateur et premier sacrificateur a réalisé son but dans le sacrifice de son fils unique Jésus-Christ, à savoir sauver le premier Adam pécheur par le sacrifice d'un second Adam saint et innocent (Jésus-Christ représentant la race humaine). Ainsi il a mis un terme depuis près de 2018 ans aujourd'hui, aux sacrifices que lui-même avait initiés et permis.

Cependant le constat révèle que malgré cet arrêt des sacrifices, les hommes ont continué à l'offrir, dans la région de l'ouest Cameroun, dans mon village Baloumgou en particulier et même dans le monde en général. La grande question qui se pose est de savoir, à qui sont-ils adressés puisque Dieu qui a mis fin aux sacrifices n'en veut plus ?

Cette question, je l'ai posée un jour à mon feu papa, qui fut un fervent partisan des sacrifices. Ce fut ce jour où il m'amena au village, parce que disait-il, on avait mis quelque chose dans mon ventre et qu'il fallait faire enlever, sans quoi je devais mourir. Le soir de ce jour, il était assis dans son salon au village, je l'avais rejoint, nous nous entretenions sur les coutumes et les traditions du village et à la suite de la première question, d'où vient l'esprit et la pratique des sacrifices, je lui ai posée la seconde, celle de savoir : « à qui il offrait-ses sacrifices ? » il me répondit tout naturellement : « à Dieu ».

Je repris la parole et dis, tu as raison papa parce que c'est Dieu, qui étant l'initiateur du sacrifice a permis et demandé aux hommes de sacrifier. Cependant l'Éternel en initiant le sacrifice avait un but, qu'il a réalisé dans le dernier sacrifice qu'il a agréé, celui de son Fils unique Jésus-Christ et depuis plus de deux mille ans que cela s'est passé, Dieu a déclaré dans sa parole qu'il n'agrée plus ni sacrifice ni holocauste pour nos fautes (Hébreux 10 : 5-12). Alors si Dieu dit que ce n'est pas à lui, puisqu'il n'en veut plus, à qui sacrifiez-vous donc ? Il me dit que c'était aux ancêtres décédés afin de les honorer. Je repris et dis Dieu dit dans sa parole que : *« Les vivants, en effet, savent qu'ils mourront; mais les morts ne savent rien, et il n'y a pour eux plus de salaire, puisque leur mémoire est oubliée. Et leur amour, et leur haine, et leur envie, ont déjà péri ; et ils n'auront plus jamais aucune part à tout ce qui se fait sous le soleil »* (Eccl9:5-6). Si donc les ancêtres n'ont aucune part à ce qui se fait sous les cieux, à qui sacrifiez-vous ? Et il me répondit certainement aux esprits de nos ancêtres décédés. Je repris la parole et dis : l'Éternel déclare dans sa parole qu'à la mort le corps de l'homme retourne à la poussière d'où il a été pris et l'esprit à Dieu qui l'a donné (Eccl12 : 7). Si l'esprit retourne à Dieu qui dit ne plus vouloir de sacrifice à qui sacrifiez-vous donc ? Un peu confus, il rétorqua en disant veux-tu insinuer que nous sacrifions au vide et en vain?

Dans ce cas comment expliques-tu le déploiement de puissance qui soutient nos sacrifices ? Vient-elle aussi du vide ? Je répondis et dis : loin de moi cette insinuation, je n'ai fait qu'exprimer ce que Dieu dit dans sa parole. Pour ce qui est de la question posée, est-ce au vide et en vain que vous sacrifiez ? Nullement, car cette puissance dont tu as fait mention est à l'œuvre, pour réaliser vos vœux et répondre à vos préoccupations, moi-même j'en ai fait l'expérience dans mon enfance. Ma préoccupation ici est plutôt de savoir d'où vient cette puissance ? Ne pouvant l'attribuer à Dieu puisque ce n'est pas à lui qu'ils sacrifient, ni aux ancêtres puisqu'ils n'ont aucune part avec les vivants. Il se tut ne sachant que répondre, tout à fait confus.

Je pris la parole et dis-moi non plus je n'ai pas de réponse ; néanmoins voici la réponse que Dieu donne dans sa parole : *« Je dis que ce qu'on sacrifie, on le sacrifie à des démons, et non à Dieu; or, je ne veux pas que vous soyez en communion avec les démons. »* (1Co10 : 20).

Les démons étant des esprits déchus au service de leur chef le diable (Apo12 : 9) il est donc évident que cette puissance vient du diable. Cette conversation ayant dévoilée les intentions cachées de mon papa, qui étaient de m'amener au village pour me faire participer aux sacrifices, en prétendant faussement qu'on avait mis quelque chose de dangereux dans mon ventre. Je lui fis cette question : « peux-tu voire l'étang de feu et te plonger toi-même dedans ? Car savoir que c'est aux démons, qu'on sacrifie et que c'est la puissance du diable qui agit et malgré cela le faire, c'est adorer et servir consciemment le diable et par conséquent choisir le sort qui lui est réservé, à savoir l'étang de feu (Apo20 : 10 ; Mt25 : 41). Si toi tu le peux papa, pour ma part, sachant la valeur que Dieu attache à mon âme et combien elle est précieuse, parce que ce n'est pas par des choses périssables, par de l'argent ou de l'or, que j'ai été racheté, mais à un grand prix, par le sang précieux de Jésus-Christ (1Pi1 : 18-19 ; 1Co 6 : 20). Moi je ne peux accepter me jeter moi-même dans l'étang de feu, en te suivant dans cette voix. Au terme de cette causerie, il fut touché et pour la première fois il accepta que je puisse prier pour lui. Après la prière nous nous sommes couchés. Mais hélas autoritaire et fière qu'il était, le lendemain matin, il n'hésita pas à suivre le magicien « *ngacak* » du village voisin, avec qui il avait pris rendez-vous la veille pour aller sacrifier. Peut-être, s'est-il dit, comme beaucoup d'autre : « après tout ce n'est qu'un enfant, c'est moi qui l'ai mis au monde que peut-il m'apprendre ? » Ignorant que l'enfant n'était que l'instrument par lequel Dieu l'avertissait et à la fin de cette année au lieu que ce soit moi qui meurt comme son voyant «*kep-nsi* » avait prophétisé, c'est lui qui est mort le 27/12/1996 cela fait aujourd'hui près de 22ans. Curieusement, parmi les causes avancées pour sa mort figurent en bonne place, cette coutume qu'il a pourtant passé sa vie à servir avec beaucoup de dévouement et de fidélité. N'est-ce pas bizarre ? Comprenons par-là que les puissances qui soutiennent cette coutume ne sont pas justes, elles sont très méchantes.

Ainsi donc ce qu'on sacrifie aujourd'hui, ce n'est pas à Dieu, ni aux ancêtres, mais plutôt aux démons et à leur chef le diable. La coutume de sacrifier est de ce fait diabolique. Se dévouer à cette coutume ne nous garantit rien de la part du diable et ses démons. L'Éternel ne veut pas que nous soyons en communion avec lui et en même temps avec les démons car il est un Dieu jaloux. Si donc la dévotion à la coutume d'immoler qui s'avère maléfique ne nous assure rien de bon, n'y a-t-il pas un moyen sûr de s'en défaire, sans encourir la fureur du diable et de ses agents ?

CHAPITRE II

VICTOIRE SUR LES COUTUMES SACRIFICIELLES MALEFIQUES

La pratique des sacrifices a fait naître chez les peuples des coutumes maléfiques. Mauvaises habitudes qui se retrouvent dans presque toutes les familles de la terre, cela n'est pas étonnant d'autant plus qu'ils sont issus d'un même sang, formant par-là une même famille. Nous essayerons de descendre aux origines, afin d'identifier et exposer le novateur de la coutume malfaisante de sacrifier; et pour finir nous proposerons une démarche illustrée permettant de remporter la victoire sur celle-ci.

I– Origine de la coutume maléfique de sacrifier.

Sacrifier et l'habitude de le pratiquer héritée de nos pères, n'étaient pas malfaisantes à l'origine, puisque l'Eternel lui-même a été le premier à sacrifier et celui qui a permis de le faire. En l'initiant il avait une pensée et un but bien précis : l'idée de l'agneau de Dieu qui ôte les péchés (Jean1 :29) et l'objectif de sauver la race humaine perdue à cause du péché du premier Homme Adam. Si les sacrificateurs étaient restés dans la pensée et le dessein de l'initiateur comme Abel, Noé, Abraham et Israël, on n'aurait jamais parlé de la mauvaise coutume de sacrifier. Ainsi c'est le fait de s'écarter de l'idée et du but de l'initiateur qui rend le sacrifice et la coutume qui en résulte dangereuse. Fort de cet éclairage descendons maintenant à la genèse, pour dénicher celui qui le premier s'est détourné de la pensée et du dessein divins. Le livre de la Genèse nous relate l'histoire du premier sacrificateur en son chapitre 4 versets 1 à 8, celle des deux premiers fils d'Adam.

En effet, les deux fils ayant reçu du témoignage de leur père l'idée du sacrifice selon Dieu, conçurent tous deux le désir de le réaliser et prétendant tous l'adresser à Dieu.

Caïn cependant ne crut pas l'idée de Dieu et résolut de lui offrir, ce qu'il avait pensé et désiré sacrifier, à savoir : « ...des fruits de la terre; ».

Abel par contre admit l'idée de Dieu et par la foi la réalisa, en offrant un sacrifice semblable à celle de l'Éternel, à savoir : «... un des premiers-nés de son troupeau et de leur graisse. »

L'Eternel porta un regard favorable sur Abel et sur son offrande ; mais il ne porta pas un regard favorable sur Caïn et sur son offrande. La question qui brûle les lèvres ici, c'est de savoir pourquoi ? Dieu fait-il la combine ? Loin de là, examinons plutôt de plus près la situation. Remarquons qu'Abel en admettant l'idée divine a offert un sacrifice qui répondait à la pensée et au but du Créateur, d'où la faveur qu'il obtint de lui. Tandis que Caïn en décidant d'offrir ce qu'il avait pensé et désiré, s'est de ce fait détourné de la pensée et du dessein divins, et par là, il a inauguré le tout premier sacrifice maléfique, qui a enfanté la coutume malfaisante de sacrifier.

Que comprendre donc ? Que concevoir l'idée d'offrir à Dieu le sacrifice que je veux et qui me plait serait mauvais ? Après tout n'est-ce pas pour l'honorer et le glorifier ? Comment peut-on dire qu'il est maléfique ? En quoi et pourquoi est-il mauvais ? Oui sacrifier à Dieu ce que je pense, désire et me plaît est néfaste en ce que justement, comme nous l'avons dit, il s'oppose à la pensée, la volonté et à ce qui est agréable à Dieu.

En effet, Jésus a dit à Pierre : « arrière de moi Satan ... » et pourquoi ? Parce que ses pensées n'étaient pas celles de Dieu, mais celle des hommes (Matthieu 16 : 22-23). Est-ce-à-dire, que la pensée humaine est satanique ? Certainement parce que Jésus qui le dit, est l'incarnation même de la vérité (Jean 14 : 6) et ne peut mentir. Comment cela se peut-il ? En réalité l'homme selon la pensée du Créateur est à l'image et à la ressemblance de Dieu (Genèse 1 : 26-27). Pour concrétiser cette idée de l'homme, il l'a pour cela à l'origine formé un corps de la poussière de la terre, qu'il a animé de son souffle et il est devenu un être vivant (Genèse 2 :7). Souffle est la traduction du mot Hébreux rûah et Grec Pneuma rendu par esprit. Un corps physique animé (âme) par l'Esprit Divin reproduisant dans le monde visible, l'image du Dieu invisible voilà l'Homme. L'esprit étant synonyme de pensée, pour que Dieu soit vu en l'homme, il faut que ce soit, la pensée divine qui anime son corps. De même pour que Satan soit vu en Pierre, il a fallu qu'il soit animé par la pensée de Satan. Or Jésus voyant en Pierre Satan, a dit que les pensées qui l'animaient, étaient celles des hommes. Ceci nous amène, à conclure que les pensées humaines sont sataniques. Nous pouvons maintenant, aisément comprendre pourquoi offrir en sacrifice à Dieu, ce que l'on pense, veut et qui nous plaît, est déshonorant pour lui. Car au fond ce n'est pas lui qu'on honore et glorifie, mais Satan à qui nous nous identifions, en exécutant notre propre idée qui n'est autre que celle du malin.

Comment un sacrifice plaisant, soigneusement pensé et choisis par moi-même peut être funeste ? Suivons plutôt la suite de celui de Caïn. Représentant l'homme libre, connaissant le bien et le mal, malgré l'instruction et le conseil de Dieu a fini par produire et mûrir le fruit qui a permis de le juger, de l'identifier comme étant du malin et pour finir de le condamner. En effet, Caïn irrité et le visage abattu, faisant fi du conseil divin, se jeta sur son frère et le tua. Ce qui lui valut d'être maudit de la terre qui avait ouvert sa bouche pour recevoir de sa main le sang de son frère; devenant ainsi dans le monde physique, l'homme meurtrier et maudit à l'image de son père, le diable (serpent) qui lui a été meurtrier dès le commencement et a été maudit.

Dieu ayant mis fin aux sacrifices par celui de son fils à la croix, n'agrée plus ni sacrifice, ni holocauste mais désire désormais que l'homme fasse sa volonté. Ainsi à partir de la mort de Jésus, le voile du temple s'est déchiré marquant la fin du sacerdoce lévitique et du système sacrificiel qui y était lié, en sorte que tout sacrifice offert après ce temps est démoniaque, satanique et maléfique. Tous ceux qui ont sacrifié après ce temps, ont servi, honoré, glorifié et adoré Satan, sans peut être le savoir. Et ont ainsi ouvert la porte à lui et à ses démons.

Ainsi Caïn, en inaugurant le tout premier sacrifice maléfique qui engendra la coutume malfaisante de sacrifier, est donc celui qui l'a initié et montré sa nature dangereuse et funeste. Si donc la pensée humaine est satanique et que tout sacrifice qui en résulte est désagréable, mauvais, dangereux, funeste et que tout sacrifice après la mort de Christ Jésus est démoniaque et satanique, n'existe-t-il pas les voies et moyens de remporter la victoire sur elle et y mettre un terme ?

II-Vaincre la coutume maléfiqueest-ce possible?

Peut-on vraiment mettre fin sans danger à la coutume maléfique de sacrifier ? Car beaucoup ont essayé et ont écopé (maladies, infirmités, calamités, accidents, et même la mort...) pour s'être obstiné à ne pas la pratiquer.

En effet un grand nombre s'est posé et se pose encore cette question aujourd'hui, car plusieurs ont essayé de se soustraire à cette coutume sans succès. Au contraire à cause des malheurs qui leur sont arrivés, après ces tentatives qui ont échouées, ils se sont résignés et sont devenus plutôt encore plus fervents.

D'autres sont même mort pour avoir défié cette coutume, comme ce jeune membre d'une certaine dénomination qui décida de tourner le dos aux coutumes et au culte des crânes. De retour dans son village, pour montrer son zèle, rassembla les crânes de ses ancêtres et les jeta dans la rivière, et en mourut le jour suivant. Ces coutumes n'étant pas inoffensives, mais soutenues par des puissances dominatrices et dangereuses, prêtes à frapper de maladies diverses, d'infirmité, de cécité, de surdité, à provoquer des accidents, à appauvrir, à rendre fou comme le cas de mon frère, et même à provoquer la mort de ceux qui leur résistent, n'y a-t-il pas d'autre option que celle de la résignation ? N'y a-t-il pas un moyen de se défaire et mettre fin à ces coutumes ? Là est notre préoccupation et je pense que c'est aussi celle de plusieurs victimes aujourd'hui.

En examinant de près la situation, nous nous rendrons vite compte que le malheur ne vient pas du sacrifice. Car les choses sacrifiées sont des choses que nous utilisons quotidiennement (coq, chèvre, mouton...) qui en fait ne posent aucun problème, ni de ceux à qui nous avons cru sacrifier (Dieu, les ancêtres décédés...) car en fait, nous avons vu que ce n'est pas à eux que l'on sacrifie. En effet, les écritures nous ont révélé que Dieu ne veut plus de sacrifice, que celui de son Fils Jésus-Christ est parfaitement suffisant pour sauver et obtenir de lui toute chose et que les ancêtres décédés ne savent rien, il n'y a pour eux plus de salaire, puisque leur mémoire est oubliée. Et leur amour, et leur haine, et leur envie, ont déjà péri; et ils n'auront plus jamais aucune part à tout ce qui se fait sous le soleil.

Mais le malheur vient plutôt de ceux à qui l'on offre des sacrifices sans le savoir, c'est-à-dire aux démons qui sont des esprits méchants au service du mal, et qui ont pour chef le diable, comme Dieu nous l'a appris. Ainsi défier cette coutume, c'est en fait défier ces puissances démoniaques sans le savoir.

Nous pouvons maintenant, bien comprendre pourquoi la plupart de ceux qui ont tenté de se défaire de ces coutumes, ont échoué.

En effet, étant ignorants et impuissants, ils ont attiré la malédiction sur eux en rendant leur culte aux morts. Car Dieu a dit: « *Si quelqu'un s'adresse aux morts et aux esprits, pour se prostituer après eux, je tournerai ma face contre cet homme, je le retrancherai du milieu de son peuple* » (Lév20 : 6). Ils se sont souillés, en se tournant vers ceux qui évoquent les esprits et vers les devins (Lév19 : 31); ils se sont rendu abominables à Dieu, en accueillant et en se fiant aux magiciens « *ngacak*» et aux devins «*kep-nsi*» (De18 : 10). Ainsi maudits, souillés et abominables aux yeux de l'Éternel, ils se sont attaqués sans le savoir, à des supers puissances maléfiques et par conséquent ne pouvaient qu'être vaincus.

Maintenant que l'ennemi a été démasqué, tous ceux qui ont échoué par le passé, ont aujourd'hui un sérieux atout. Celui de savoir à qui ils ont affaire et vers quel adversaire diriger le combat.

Parlant de combat, nous savons que pour venir à bout d'un

adversaire aussi puissant que les démons, il faut une puissance supérieure à la leur. Ainsi réussir à se soustraire et mettre fin à cette coutume, revient automatiquement à vaincre et triompher des supers puissances qui la soutiennent.

C'est pour cela, que celui qui veut, se défaire de la mauvaise tradition doit se doter d'une puissance gigantesque, capable de renverser ces supers puissances démoniaques. La question qui se pose maintenant, c'est de savoir où trouver cette gigantesque puissance ? Nous devons la rechercher, cette puissance nécessaire pour le combat.

La recherche exclut d'ores et déjà les magiciens, les devins et les marabouts, car ce sont les suppôts des démons. En effet c'est à travers eux, que les démons révèlent leurs désirs, leurs envies, bref leurs volontés, en faisant croire que c'est celles de nos ancêtres décédés, que Dieu pourtant déclare avoir déjà péri (Eccl9 : 5-6). Le diable ou le malin, qui est le prince de ce monde (1Jean5 : 19) et qui représente le dernier degré de puissance de ce siècle est également à exclure. Car étant le chef des démons, il ne peut les combattre sans risque de diviser et détruire son propre royaume (Mt12 : 24-26). Ce qui nous fait voir clairement qu'il n'y a dans ce monde, aucune puissance qui puisse nous aider, à nous soustraire et mettre fin cette coutume. Puisque toutes ces puissances sont au service des démons et de leur chef le diable qui justement sont les défenseurs de ces coutumes et traditions dangereuses. Nous devons impérativement trouver et identifier cette puissance qu'il nous faut pour les vaincre.

Où donc la trouver si elle n'est pas d'ici-bas, de ce monde ? Cette puissance n'étant pas d'ici-bas, n'existe-t-il pas une là-haut qui puisse nous secourir ?

Oui, en effet il en existe une, la toute-puissance divine qui est la puissance des puissances, de laquelle découlent toutes les puissances terrestres et célestes. Il l'a déployée et manifestée à la création en amenant à l'existence par sa parole le ciel, la terre, la mer, les sources d'eau et tout ce qu'elles renferment (Genèse 1 et 2).

Il l'a également déployé dans ces derniers temps en Christ, qui a vaincu le diable et ses démons dans le ciel et les a tous précipités sur la terre (Apo12 : 7-9). Ce Christ qui est descendu dans le monde, a dépouillé les dominations et les autorités, et les a livrées publiquement en spectacle, en triomphant d'elles par la croix (Col2 : 15). Il a vaincu le monde et anéantît celui qui a la puissance de la mort, c'est-à-dire le diable (Jean16 : 33, Heb2 : 14).

Ce Christ a reçu pour nom Jésus de Nazareth, nom qui a été élevé au-dessus de tout nom, afin qu'au nom de Jésus tout genou fléchisse dans les cieux, sur la terre et sous la terre, sur la mer et que toute langue confesse, que Jésus-Christ est Seigneur, à la gloire de Dieu le Père (Phil2 : 9-11). Il est le seul homme, qui a laissé sa tombe vide, Dieu ayant déployé en lui l'infinie grandeur de sa puissance, se manifestant avec efficacité par la vertu de sa force en le ressuscitant des morts, et en le faisant asseoir à sa droite dans les lieux célestes, au-dessus de toute domination, de toute autorité, de toute puissance, de toute dignité, et de tout nom qui se peut nommer, non seulement dans le siècle présent, mais encore dans le siècle à venir (Eph1 : 19-21).

Oui, cette gigantesque puissance existe et se trouve en Jésus-Christ qui est assis à la droite de Dieu dans les lieux célestes. Il est le seul qui a donné à ses disciples, le pouvoir de marcher sur les serpents, les scorpions, et sur toute la puissance de l'ennemi (le diable) ; et rien ne peut les nuire (Luc 10 : 19). Voici encore pour ceux qui avaient échoué, un autre atout pas des moindres à savoir : avoir l'identité de la puissance recherchée, et savoir en qui la trouver. Mais la reconnaître et savoir ou la dénicher ne suffisent pas, encore faut-il entrer dans le royaume de Dieu pour la recevoir.

Jésus-Christ étant assis à la droite de Dieu dans le royaume du Père, la préoccupation maintenant est de savoir comment accéder à ce royaume, afin de jouir de cette puissance qui nous permettra d'être libérés du diable et de ses démons et mettre fin aux coutumes

maléfiques. La réponse nous vient de Jésus lui-même :
-naître de nouveau c'est-à-dire naître d'eau et d'esprit pour voir et entrer dans le royaume Dieu (Jean3 : 3-6). De même que tu es sorti du ventre de ta mère pour entrer dans le monde, il te faut maintenant sortir de l'eau et de l'esprit, après le baptême d'eau et d'esprit pour entrer dans le royaume de Dieu ;
- recevoir Jésus-Christ comme ton maître et ton sauveur personnel ;
- être son disciple et recevoir sa doctrine (Mt28 : 19 ; 1Jean1 :8,9) pour être un chrétien authentique, c'est-à-dire un disciple qui s'accomplit chaque jour dans sa discipline pour être comme lui (Luc6 : 40) ;
- enfin, recevoir du Maître le pouvoir qu'il a donné à ses disciples, pouvoir qui nous manquait pour mettre fin à cette coutume malsaine.

Ainsi donc nous ne sommes plus obligés de nous résigner à servir ces puissances démoniaques et diaboliques. Une nouvelle option nous est donnée par Jésus-Christ, celle qui nous permet de défier et de vaincre ces puissances, et mettre fin à la coutume maléfique de sacrifier. Oui, désormais la victoire sur cette coutume maléfique est belle et bien possible, mais qui peut la remporter ?

C'est bien évidement, celui qui a accepté Jésus-Christ dans sa vie, pris son joug, reçu ses instructions, obéis par la foi à ses prescriptions, et qui laisse véritablement Christ dominer sur sa vie ; voilà en effet celui qui peut triompher de cette coutume. De ce fait, il est à noter qu'il faut désormais connaître son identité en Christ et se saisir par la foi de l'autorité, que nous confère cette identité, pour y parvenir ; car lorsque tu sais qui tu es en Christ et le réalise par la foi, tu domines sur tout ce sur quoi tu devrais dominer. Mais, lorsque tu ignores ton identité, les choses sur lesquelles tu étais supposé dominer commencent à dominer sur toi et tu deviens esclave de ces choses, puisque chacun de nous est esclave, de ce qui a triomphé de lui. Conscient de notre appartenance à Christ, nous devons marcher par la foi en lui, dans la domination, puisque Jésus-Christ le modèle a été élevé au-dessus de toutes autorités, de toutes dominations et de tous les noms. Le Dieu qui nous a appelé, nous a donné en Jésus-Christ de connaitre la vérité, qui affranchit de l'esclavage des coutumes maléfiques et la règle de doctrine qui libère de la captivité du péché et rend esclave de la justice et de la bonne coutume.

Jésus-Christ qui envoie ses disciples en mission, leurs a conféré le pouvoir. Car avant de dire : « allez et faites de toutes les nations des disciples », Jésus a d'abord dit : « tout pouvoir m'a été donné dans les cieux et sur la terre », donc celui qui nous envoie, c'est celui qui détient tous les pouvoirs et toute autorité. Cependant, devons-nous utiliser ce pouvoir n'importe comment ? Pour vaincre les coutumes maléfiques, ne faut-il pas véritablement avoir une bonne démarche pratique pour y arriver?

III-Stratégie efficace pour triompher de la mauvaise coutume.

Plusieurs personnes prenant conscience du danger de la coutume de sacrifier ont aussitôt entrepris des démarches pour s'en débarrasser. Certains ont fui leur village pour vivre en ville, comme le grand père d'un frère qui très jeune avait abandonné son village et ses coutumes pour Nkongsamba ou il a vécu et est mort. D'autres décident d'arrêter et de ne plus se soumettre à ses exigences, comme ce frère devenu administrateur, qui ayant succédé à son grand père a fait fi de la coutume pour vivre comme il avait appris de son grand père. D'autres encore décident d'arrêter et même de s'attaquer au lieu des sacrifices. L'exemple est celui de ce jeune homme qui pour montrer son zèle, rassembla les crânes de ses ancêtres et les jeta dans la rivière. Beaucoup de membres des dénominations éclairés par les sermons sur ce sujet, se sont déterminés à arrêter et bien après ont confessé y avoir mis fin.

Examinons à présent les résultats de ces démarches : le frère administrateur témoigne que tous ses promotionnels avaient été promus et nommés alors que lui attendait déjà depuis sept ans et tout semblait tourner pour lui à l'envers. Il appela alors son père, pour lui présenter la situation. Et ce dernier lui rappela que c'est depuis longtemps, qu'il lui avait dit de venir enlever le crâne de son grand père et lui offrir le sacrifice qu'il demande. Il lui résista en lui disant que le grand père était « chrétien » et n'avait jamais fait ces choses. Et son père lui répondit que même le pasteur vient souvent au village en cachette, pour offrir les sacrifices. Savoir que les pasteurs le faisaient aussi fut pour lui, dit-il, le coup de grâce qui brisa en lui toute résistance. Il finit par céder en demandant à son père ce qu'il fallait faire, puisqu'il était loin au Nord et ne pouvait physiquement être là. Ce dernier lui dit de donner seulement son accord, pour qu'il le fasse à sa place, ce qui fut fait. C'est ainsi que les dénominations sont pleines d'hypocrites qui bien qu'affirmant ne pas le faire, le font en cachette à l'exemple de ma mère membre d'une de ses multiples congrégations, qui nous avait déclaré avoir mis fin à la coutume. Bien après c'est elle, qui alla déterrer à l'insu de toute la famille le crâne du feu père et enterrer dans sa chambre à Baloumgou, où elle a en secret sacrifié. Pour celui qui jeta les crânes à l'eau, nous savons qu'il mourut bien après. Comme nous pouvons tous le constater, toutes ces démarches ont échoué et l'on peut bien se demander, qu'elle est celle qui peut être vraiment efficace ?

Sachant que la coutume maléfique est soutenue par l'esprit et la puissance de Satan et ses démons, envisager quelques stratégies sans en tenir compte, c'est aller au suicide. Remarquons aussi que ce sont les mauvaises paroles, ou paroles maléfiques qui sont semences de la coutume malfaisante. Maintenant examinons la question de plus près, dire non à la mauvaise coutume, c'est rejeter la mauvaise semence, c'est-à-dire, se dégager de la parole de malédiction, en se déconnectant à sa source. Il y a deux sources de paroles maléfiques : l'esprit ou la pensée de Satan et l'esprit ou la pensée de l'homme qui réellement, ne forment qu'une seule source. Car la pensée humaine est satanique. Ainsi dire non à la coutume maléfique de sacrifier, c'est défier le diable, ses démons, les hommes et s'exposer à leurs puissances répressives. Que faire ?

*Première étape: s'allier à un Maitre plus fort Jésus-Christ, en l'acceptant et le confessant publiquement comme Seigneur et Maitre personnel. Ce qui t'oblige à renoncer ouvertement à ton ancien maitre Satan, à confesser toutes tes mauvaises coutumes et à y mourir.
**Deuxième étape: le corps de la coutume malfaisante doit être enseveli dans l'eau du baptême, par un disciple accompli qui doit aussi faire naître, ou faire sortir de cette eau, le corps nouveau purifié de toute mauvaise coutume.
***Troisième étape: après le baptême d'eau, il doit prier et invoquer le Saint-Esprit promis, source de la puissance divine que le néophyte doit recevoir par la foi. Puissance de Dieu qui permettra de renverser celle de son ancien maitre et de les déloger lui et ses démons pour les envoyer dans les lieux arides. Après quoi Jésus lui-même le baptisera d'esprit et de feu.
****Quatrième étape: un maitre en Christ doit suivre le nouveau disciple et lui enseigner à observer, tout ce que Jésus à prescrit, sa doctrine dans laquelle est contenue, toutes les coutumes bienfaisantes qui doivent remplacer les mauvaises, pour lesquelles il est mort. Le disciple doit avoir une foi obéissante qui permettra à son âme de toujours se déterminer, à préférer la bonne coutume et à la manifester dans son corps par la puissance du Saint-Esprit. Recevant ainsi de Christ cette puissance, il peut marcher sur les serpents, les scorpions et sur toute la puissante de l'ennemie. Complètement transformé par le renouvellement de l'esprit de son intelligence. Il évolue désormais dans la domination et la victoire sur la coutume de sacrifier, sans que rien ne puisse plus le nuire. Voici pour finir notre propre expérience pour nous édifier.

Originaire de l'ouest Cameroun, je suis né à Obala dans la région du centre, où entouré de mes parents j'ai passé ma plus tendre enfance dans l'ignorance totale des coutumes de mes pères. En 1979, têtu et ayant échoué le concours et le CEPE, mon feu père décida de m'envoyer rester avec ma grand-mère au village. Mes grands-parents étaient versés dans la coutume et les traditions ancestrales et ce sont eux qui m'ont initié et fait expérimenter ces choses. Chaque année à la deuxième semaine du mois d'août avait lieu la réunion de la grande famille Mba Taa Migué qui accueillait les fils, les petits fils et les arrières petits fils de Taa Migué. Après avoir évoqué et débattu les problèmes de la famille, mangé et bu la réunion se terminait dans la maison des crânes qui est dans la plantation familiale de café. C'est dans cette concession que j'ai vu, appris et participé à la pratique de la coutume de sacrifier. Encore enfant à peu près onze ans je prenais plaisir à regarder mon grand-père sacrifier poule, coq, ou chèvre et verser l'huile et rependre le gâteau de maïs pétri à l'huile sur les crânes des ancêtres. J'étais très fier d'honorer comme les autres mes ancêtres, mais surtout de me gaver de la viande, du plantain et des restes du gâteau de maïs qui était distribué en cette circonstance et permettait à la famille de communier ainsi avec ses morts.

Loin de soupçonner qu'il puisse y avoir quelque danger dans cette pratique, j'ai évolué dans cette ambiance jusqu'au jour, où j'ai fait personnellement l'expérience de la puissance maléfique qui se cachait derrière cette coutume de sacrifier. Cette maladie mystérieusement guérie par la construction d'un hangar et du sacrifice soit disant offert à un ancêtre mort lors du maquis, qui était fâché selon les dires du magicien, parce que ses restes étaient abandonnés sur la pluie tel que raconté dans les lignes précédentes. Ajouter à l'expérience de ce jeune homme qui est mort pour avoir défié la coutume et jeté les crânes de ses ancêtres à la rivière, j'ai découverts et pris conscience de la puissance redoutable et même meurtrière qui se cachait derrière cette habitude et la rendait maléfique. C'était donc pure folie de vouloir résister à ces forces maléfiques. C'est ainsi que je me mis à servir avec beaucoup de crainte ces puissances que par ignorance j'attribuais à mes ancêtres, jusqu'au jour ou Dieu me visita. Ma rencontre avec Dieu et la victoire sur l'habitude de fumer.

Lorsque j'ai obtenu le Baccalauréat D au collège Monthé à Yaoundé, je me suis inscrit à l'Université en faculté de Sciences. J'étais un buveur, un fumeur, j'avais commencé à fumer au cours moyen un et je suis allé jusqu'à fumer du chanvre indien. J'étais un voyou, un coureur de jupon, avec cette coutume malfaisante des jeunes de sortir avec trois ou quatre filles à la fois, de fréquenter des circuits et des boites de nuit. Plusieurs dénominations à cet époque m'ont abordé pour m'évangéliser: les témoins de Jéhovah, mes voisins pentecôtiste, les évangélistes et mon feu grand frère, qui lui était adventiste et me visitait souvent. C'est lui qui m'avait donné la première Bible que j'avais même failli jeter à la rigole. Car j'avais souhaité que ce soit une paire de chaussure ou autre chose que la bible. Mais je peux dire aujourd'hui que c'est le Seigneur qui m'avait retenu de la jeter. La coutume de fumer pour faire le chaud avait fini par être maléfique pour moi. Car je fumais bâton sur bâton, j'ai attrapé une toux chronique et la radio a montré que mes poumons étaient froissés et abimés; cherchant à arrêter la cigarette, j'ai pris tout ce qu'on me proposait sans succès. Et je n'ai pu supporter arrêter de fumer qu'une demi-journée, après c'est comme si j'allais mourir, si je ne fumais pas là, là. Désespéré, il me vint à l'esprit de prier, mais hélas je ne savais ni ou commencer, ni ou terminer. Alors l'idée me vint de demander à Dieu, de m'apprendre à prier. Il a fini par m'inspirer et ce jour-là j'ai prié de sorte que moi-même, j'étais surpris des paroles de grâce qui sortaient de ma bouche. J'ai pu ainsi exprimer à Dieu, tout ce qui était dans mon cœur.

Pendant près d'une semaine ma prière était: « Dieu fait que je ne fume plus. » Mais chaque soir au couché je me rendais compte, que j'avais encore fumé. Désolé, je me brossais les dents avec cette décision de ne plus recommencer demain. Mais hélas peine perdue et pour finir, j'ai résolu dans mon cœur et déclaré à mes amis, qui se moquaient de moi, en disant que je vais mourir avec la cigarette à la bouche que: le jour où Dieu décidera, ce sera la fin, pour moi de fumer.

Et ce jour arriva, comme de coutume je me suis rendu à la boutique pour fumer. Arrivé, j'ai bien allumé le bâton de cigarette comme d'habitude, mais cette fois-ci j'ai entendu une voix au dedans de moi, qui m'a dit: le premier jour que tu as décidé de fumer, n'est-ce pas toi, qui a pris librement le bâton de cigarette pour fumer ? J'ai répondu oui. Il ajouta pourquoi aujourd'hui, tu décides de ne plus prendre et fumer, mais tu continus toujours de fumer ? J'ai répondu je ne sais pas. Il me dit encore ta volonté c'est quoi ? J'ai répondu : de ne plus fumer et il me dit : si tu continus de fumer, c'est la volonté de qui ? J'ai répondu: je ne sais pas. Il me dit est-ce la volonté de Dieu que tes poumons soient ainsi abimés ? Je dis : non. Alors il me dit, si ce n'est pas ma volonté, c'est celui de qui ? Il a ouvert ainsi mon intelligence et j'ai compris que c'était la volonté du diable et que c'était son esprit qui en moi créait et entretenait cet envie irrésistible de fumer; recevant cette lumière j'ai élevé la voix et dit: je croyais lutter contre un bâton de cigarette, alors que c'est contre le diable, et jetant le mégot de cigarette à terre, je l'ai écrasé avec mon pied en disant: que le diable soit écrasé, comme j'écrase ce mégot de cigarette au nom de Jésus-Christ. Et depuis ce fameux jour de l'année 1992 jusqu'à ce jour, cela fait près de 26 ans, que cette envie de fumer a disparu et je n'ai plus jamais fumé. Cet ainsi que Dieu m'a visité pour la première fois, alors que je n'étais encore dans aucune dénomination et m'a donné la victoire sur la coutume maléfique de fumer.

Après cette rencontre puissante avec Dieu je fus profondément bouleversé. Moi qui avant ne croyais pas et me moquais de ceux qui croyaient en Dieu. Je résolus dans mon cœur de chercher à connaître ce Dieu et c'est ainsi que je me suis mis à lire la bible. Lisant la bible au départ sans rien comprendre, à chaque relecture Dieu m'apportait progressivement de la lumière, sur les zones d'ombre rencontrées dans les lectures précédentes. Et par des jets de lumière dans mon esprit et certaines expériences de la vie, il m'apportait des réponses aux questions suscitées par les lectures précédentes. C'est ainsi que durant toute une année, Dieu me fit découvrir les trésors cachés dans la bible, jusqu'au jour où il attira mon attention sur le texte de Jn3:3-6 parlant de la nouvelle naissance et l'entrée dans le royaume de Dieu. Cette parole suscita en moi le désir ardent de voir et d'entrer dans le royaume de Dieu. Or pour cela, il me fallait naître d'eau et d'esprit, convaincu qu'il fallait me baptiser, la difficulté ici était de savoir où?

Face à la difficulté, comme d'habitude j'ai invoqué Dieu qui m'a orienté dans une dénomination, où je me suis fait baptiser, après quoi le pasteur a prié pour moi. Evoluant toujours dans la lecture de la bible, le Seigneur attira mon attention dans la première épitre de Paul aux Corinthiens, sur le fait que ce qu'on sacrifie, on le sacrifie à des démons, et non à Dieu (2co10 : 20); et qu'il ne voulait pas que nous soyons en communion avec les démons. Et plus tard dans l'épitre aux hébreux (He 10: 5-8) qu'il ne voulait plus de sacrifices, que celui de Christ suffit et que ce qu'il attend de nous, c'est que nous fassions sa volonté. Ces vérités illuminèrent mon intelligence et me firent comprendre dès ce jour, que la puissance qui soutenait la coutume de sacrifier, ne venait pas de mes ancêtres, mais plutôt des démons, à qui ces sacrifices étaient en réalité adressés, sans qu'on le sache. Ceci m'amena à regretter amèrement et à me repentir de cette coutume maléfique et de toutes les fois que j'y avais participé, avec le désir ardent de plus recommencer.

Revenu vivre et travailler à Obala près de mes parents, il arriva un jour, que remarquant mon refroidissement quant à la coutume et mon refus constant d'y participer, mon père voulu m'y contraindre par ruse, comme relaté dans le paragraphe plus haut, mais cela tourna plutôt à la gloire de Dieu. Car c'est justement à cette occasion, que la série de questions qui dévoila l'origine des sacrifices dans le monde et qui fait l'objet de ce livre fut inspirée par Dieu. Mon papa qui avait dit qu'on a mis quelque chose dans mon ventre et que si on ne fait rien je vais mourir, est mort à la fin de cette année 1996 et cela fait aujourd'hui 22 ans et moi je suis encore vivant gloire et honneur à Dieu par Jésus. Après sa mort par la force du destin c'est moi, que la famille avait choisi pour lui succéder faute de testament, qu'on n'avait pas pu trouver.

Deux ans après la mort de mon grand frère, mon papa est mort et la famille m'a désigné comme son successeur. Moi chrétien, célibataire à la tête d'une famille presqu'entièrement plongée dans les coutumes et traditions maléfiques, charge pas facile à gérer. Ayant occupé, sous la demande de ma grand-mère la chambre de mon feu papa, quelque jour après sa seconde femme, car il était polygame, s'est mise à me harceler. Elle s'introduisait chaque jour de nuit dans ma chambre, pour m'exiger de coucher avec elle. Selon la coutume, disait-elle, c'est toi qui remplace désormais mon feu mari. Je lui ai résisté, en lui disant chaque fois que je suis chrétien et que selon la parole de Dieu, je ne dois coucher qu'avec ma femme seule. Mais elle continua son harcèlement de plus belle, me faisant savoir qu'elle ne m'empêchait pas d'épouser une autre femme, mais avant, il fallait que j'accomplisse d'abord envers elle, ce qu'exigeait l'usage savoir: prendre la veuve de son feu papa et coucher avec elle. Troublé par cette situation embarrassante, je me suis mis à prier Dieu. Il m'inspira une idée, que j'ai aussitôt appliquée. Lorsqu'elle est venue à nouveau dans la chambre, pour déployer sur moi son charme, je lui ai dit que Jésus-Christ mon Maître, ne me permettait pas d'avoir deux femmes. Mais si elle exigeait toujours que je couche avec elle, il n'y avait pas de problème. Cependant, Il fallait d'abord qu'elle devienne mon unique femme. Pour cela il fallait organiser un mariage en bonne et due forme avec elle, savoir: célébration officielle avec régime monogamie à la Mairie, puis religieux à l'église. Mais avant cela il fallait qu'elle apprenne d'abord la doctrine et qu'elle se baptise, puisqu'elle n'était pas membre de mon église. Vieille, ayant presque l'âge de ma mère, Dieu suscita en elle la honte et pour la première fois, elle recula face à ces conditions et ma grand-mère s'est opposée farouchement à cette proposition et m'a dit que: si c'est comme cela, cherche ta femme et épouse la. C'est ainsi qu'elle cessa son harcèlement et je rendis grâce à Dieu qui m'avait ainsi donné la victoire, sur cette coutume maléfique de coucher avec la veuve de mon feu papa.

Dans la suite, comme chef de famille, j'ai organisé des réunions familiales dans lesquelles, je n'ai cessé d'attirer leur attention, à la lumière de la parole de Dieu, sur certaines coutumes et points de la tradition qui étaient maléfiques. Les exhortant à croire en Jésus-Christ et à abandonner ce côté maléfique de la tradition. J'ai même écrit quelque brochures pour expliquer, les dangers auxquels cela exposaient. Grâce soit rendue à Dieu, car tous mes petits frères et petites sœurs, se donnèrent au Seigneur Jésus et abandonnèrent ces coutumes maléfiques, et même l'un d'eux, Justin a poussé plus loin en théologie jusqu'à être aujourd'hui pasteur d'église. Ma mère aussi déclara qu'elle n'était plus dans ces points maléfiques de la tradition et que même dans l'église où elle persévérait on interdisait cela. Elle déterra le crâne de son feu mari de sa chambre et le remis au chef de famille afin de le remettre dans la tombe où elle l'avait retiré par ignorance. Ce ne fut que mon grand frère, la grand-mère (qui décéda quelque année après mon papa), la coépouse à ma mère et ses enfants qui restèrent attachés à ces coutumes maléfiques. Ma position était si connue dans la grande famille Mba Ta Migué, que chaque fois qu'il fallait cotiser pour la construction des maisons des crânes, les sacrifices dans ces maisons, ou quelque autres rites allant dans ce sens, on m'excluait d'office. Chaque fois qu'on venait me voir pour un sacrifice, je présentais celui de Jésus à cette personne et lui démontrais par la bible que Dieu ne voulait plus de sacrifice et que celui du Christ était suffisant pour obtenir de l'Eternel tout pleinement et gratuitement. Ceux qui acceptaient, je priais pour leurs problèmes qui pour la plupart trouvaient solutions. C'est ainsi que j'ai évolué presque près de 16ans avec cette grande famille, sans jamais sacrifier jusqu'au jour où mon grand frère a pris le relais comme chef de famille.

Des années plus tard en fouillant les documents de mon feu papa, j'ai découvert le testament que la famille avait cherché sans trouver, avant de m'établir successeur. Ce testament désignait mon grand frère successeur. Je l'ai informé, puis la famille restreinte et enfin la grande famille, qui a fini par l'établir chef de famille Sop Nkwamou Migué.

Déchargé de cette responsabilité, je me suis consacré encore plus au Seigneur sans distraction. Dans l'assemblée où je persévérais, je fus consacré diacre, puis l'année suivant ancien. Je fus nommé aussi chef de groupe et à beaucoup d'autres postes de responsabilité dans cette congrégation. J'ai même été tenté à une certaine époque, encouragé par mon grand frère, de suivre la formation pastorale. Mais Dieu ne l'a pas permis, car il me destinait à autre chose. Malgré tout cela, spirituellement je ne me sentais pas épanoui. Quelque chose me manquais, que je ne parvenais pas à définir et que je ne trouvais pas dans cette dénomination. Car depuis plus de dix-septans passés en son sein, les choses n'évoluaient vraiment pas. Quand j'y suis arrivé, le pasteur que j'ai trouvé, surpris en fragrant délit d'adultère avec sa fidèle, fut bloqué dans cette chambre par ses fidèles. Quel spectacle?

Ce pasteur fut affecté, un autre vînt et cette fois se mit à coucher avec les petites filles de l'église, au point de recevoir des lettres de menaces d'un garçon du quartier, pour avoir sorti sa petite amie, membre de cette assemblée. Pour ce qui est des anciens et des autres membres n'en parlons pas : ivrognerie adultère, fornication, concubinage et j'en passe; au niveau supérieur, dirigeants de fédérations, d'unions et autres, pratiquant la magie et la sorcellerie lors des élections, répandant du sang devant les portes des dirigeants sortants, la liste est longue.

Moi-même électronicien à cet époque, j'étais malhonnête, avec la mauvaise habitude de mentir et de tromper les clients sur les pièces de rechanges, de surfacturer les devis pour gagner plus d'argent. Malgré la doctrine reçue, tous les séminaires et les prédications entendues, je n'avais pas pu venir à bout ni du mensonge, ni de l'hypocrisie, ni de la tromperie et ni de la convoitise des yeux. J'avais coupé tout contact physique avec la coutume, mais les liens spirituels qui m'y attachaient demeuraient intacts. Dans le visible je m'étais séparé de la coutume de sacrifier et de tout ce qui avait trait à cela. Je ne participais plus à rien, de ce qui s'y rapprochait. Mais dans l'invisible, les démons de la coutume me rattrapaient. Et dans les rêves pendant mon sommeil, je me retrouvais parfois associé aux pratiquants, dans la concession familiale, offrant des sacrifices et mangeant avec eux.

Mais je rends néanmoins grâce à Dieu, car mon passage dans la dénomination n'a pas été en vain. En effet c'est là que j'ai été instruit sur la loi et reçu une idée sur les prophéties bibliques au contact des quelles, j'ai été taillé de presque tous les péchés grossiers extérieurement visibles. La somme de tout ce que j'avais reçu, avait réussi à faire de moi, un homme extérieurement irréprochable et respectable. Car je veillais avec soins sur mon apparence extérieur. Cependant la nature pécheresse héritée d'Adam était tenace, car mon intérieur était resté i régénéré et froid, plein d'hypocrisie, de cupidité, de convoitises de toutes sortes et cela malgré la connaissance de leur loi, de leur doctrine fondamentale, des diverses brochures, enseignements et prédications reçus. Tout cela me rendait triste et me faisait souffrir intérieurement.

Ayant essayé de toutes mes force et sans succès d'appliquer leur doctrine et tous les enseignements de leurs brochures pour vaincre ma mauvaise nature, je m'en suis remis au Dieu qui m'avait parlé et il m'a exhaussé. Il attira et focalisa mon attention sur l'Evangile et mit dans mon cœur l'ardent désir de le lire. Au cours de la lecture, j'ai été surpris de découvrir que Jésus avait sa doctrine, qu'il avait reçue du Père (Jn7:16-17); j'ai poursuivi la lecture dans les Actes des Apôtres, puis les épitres. Dans ses épitres l'Apôtre Paul a affirmé qu'en suivant de cœur cette règle de doctrine, on était affranchi de l'esclavage du péché (Ro6:17-18). Et l'Apôtre Jean de son côté confirmait la doctrine de Christ et mettait en garde, quiconque allait plus loin et ne demeurait pas dans cette doctrine (2Jn1:8-9). Attirant mon attention, sur la mission qu'il avait donnée d'aller faire de toutes les nations des disciples et les enseigner, après les avoir baptisés, à observer tout ce que lui, le Maitre avait prescrit (Mt28 :19-20). Jésus me révéla comment le malin en substituant, ce que lui, Christ, le Maitre des maitres avait prescrit d'enseigner à observer (doctrine de Christ), par ce que les dénominations, eux avaient ordonnés d'enseigner à observer (doctrine de la dénomination), avait ainsi fini par renverser l'Eglise corps de Christ pour établir les associations religieuses, telle que nous le voyons aujourd'hui.

La doctrine de la dénomination s'étant avérée impuissante contre ma nature pécheresse et incapable de m'affranchir de l'esclavage spirituel de la coutume maléfique nocturne, je me suis mis à rechercher et à appliquer mon cœur à cette nouvelle doctrine, sur laquelle Dieu avait attiré mon attention. Découvrant chaque jour les prescriptions du Maître, comme un bon disciple j'ai appliqué mon cœur à lui obéir par la foi et à accomplir ce qu'il ordonnait. Et les résultats ne se sont pas faits attendre : moi qui avant ne pouvais pas m'abstenir de mentir et de tromper les clients dans mon atelier, je me rendais compte qu'il me devenait de plus en plus très pénible, difficile de mentir, et voir même finalement impossible de mentir, de tromper, de faire semblant ... et dans les songe au lieu de m'associer, je combattais déjà et m'opposait aux pratiquants de la coutume malfaisante. En effet, la règle de la vie spirituelle en Christ m'affranchissait ainsi de loi du péché et de la mort qui agissait sur moi et me rendait esclave du péché (Ro8:2). En obéissant et en demeurant par la foi dans la parole de vérité de la doctrine de Christ, j'épousais la vie et la nature divine qu'elle révélait et ma vieille nature pécheresse était de ce fait renversée et anéantie, avec sa coutume malfaisante de toujours désobéir à Dieu. La connaissance expérimentale de la vérité qui résultait de l'obéissance, me libérait ainsi de tout esclavage des mauvaises habitudes (Jn8:31-36).

Grâce soit rendue à notre Seigneur Jésus-Christ, qui après avoir été pendant dix-sept ans partisan et défenseur farouche de la doctrine de la dénomination, m'a fait découvrir et expérimenter la différence entre la doctrine de Christ et les doctrines des associations religieuses; entre l'Église qui est son corps et la dénomination, par cette question qui me fut posée à deux reprises. Le pasteur Eyek Marc, qui remarquant le changement de vie, résultant de l'application des prescriptions de Jésus-Christ, d'abord dans un conseil d'anciens, puis dans un comité d'église m'a posé cette question : « Es-tu encore adventiste du septième jour ou pas ? Ma réponse fut : « je suis chrétien disciple de Jésus-Christ » et celui-ci renchérit : « vous avez entendu, nous ne sommes plus ensemble » et il me fit sortir du comité ce jour en me disant ici c'est notre camp. Dépassé par ce qui m'arrivait, je suis parti en me demandant : s'ils ne sont pas disciples de Jésus-Christ, de qui sont-ils donc disciples ? C'est pendant que je méditais sur cette question, que le Maitre Jésus m'ouvrit l'intelligence, pour comprendre que son Église et sa doctrine, telles que définies dans sa parole sont différentes des dénominations et de leurs doctrines diverses et étrangères (Heb13:9). Chassé du système parce que je m'étais identifié à Christ comme disciple et chrétien, j'ai confessé et me suis repenti de tous les coutumes maléfiques et péchés, que j'avais pratiquées jusqu'à là. J'ai résolu de mourir à la doctrine, à l'esprit de la dénomination et des mauvaises coutumes. Puis je me suis rebaptisé cette fois ci au nom de Jésus et en sa mort.

Ayant ainsi été enseveli avec lui par le baptême en sa mort, j'ai été aussi ressuscité en lui et avec lui, par la foi en la puissance de Dieu, qui l'a ressuscité des morts.

Aujourd'hui je suis né de nouveau d'eau et d'esprit. J'ai reçu par la foi le Saint-Esprit, je marche en nouveauté de vie et suis membre du corps de Christ qui est son Église. Instruis conformément à la vérité qui est en Jésus, révélée dans sa saine doctrine, j'ai été crucifié avec le Christ et me suis dépouillé du vieil homme. Le corps de la mauvaise coutume ayant été détruit, j'ai été renouvelé dans l'esprit de mon intelligence et revêtu l'homme nouveau, créé selon Dieu dans une justice et une sainteté que produit la vérité. Je ne suis plus esclave des mauvaises habitudes; si je vis maintenant dans la chair, je vis par la foi en Jésus-Christ le Fils de Dieu, qui m'a aimé et qui s'est livré lui-même pour moi. Mis en garde par l'Apôtre Jean (2Jn1:8-9), je demeure sans aller au-delà, dans la Doctrine de Christ. Doctrine que Christ m'a révélée et donnée par sa grâce de circonscrire dans le livre intitulé "DOCTRINE DE CHRIST". Le châtiment prix de la mauvaise coutume (la mort) étant payés par Jésus victime expiatoire (Ro3 : 24-25) et enfin ma conscience souillée par les œuvres mortes de cette dangereuse coutume, étant purifiée par le sang de Jésus-Christ (He9:14), ma victoire sur cette coutume malfaisante est assurée. Que la gloire et l'honneur soient à Dieu, par notre Seigneur Jésus-Christ Amen !

En conclusion, la descente aux origines, en partant d'un échantillon de la race humaine (les bamiléké), nous amène à arrêter que c'est l'Éternel, le Dieu créateur qui est, par le premier sacrifice qu'il fit à la genèse, l'initiateur et celui qui a permis la pratique des sacrifices. De ce fait il est celui qui est à l'origine des sacrifices dans le monde. Quant au but, l'examen de l'histoire des sacrifices dans la bible, nous montre que son but à l'origine, était de manifester sa miséricorde et sa justice envers Adam et Ève (représentants de la race humaine), en préfigurant le plan de rédemption et du salut pour l'humanité perdue.

Ce but, il l'a parfaitement réalisé dans le sacrifice de son Fils unique Jésus-Christ, il y a de cela près de 2018 ans. Il a ainsi mis fin aux sacrifices, qu'il avait lui-même initiés et permis.

Tous ceux qui ont continué à sacrifier après le sacrifice de Jésus-Christ, ont immolé aux démons et à leur chef le diable et non à Dieu. L'Éternel ne veut pas que nous soyons en communion avec lui et en même temps avec les démons. Car il est un Dieu jaloux (1Co10: 20).

Tous ceux qui par ignorance ou par impuissance, se sont résignés à pratiquer la coutume maléfique, n'ont plus d'excuses aujourd'hui. Dieu nous offre une nouvelle option:

-L'alliance avec un Maitre plus fort Jésus-Christ ;

-Le baptême et la naissance d'eau et d'esprit ;

-La réception par la foi du Saint-Esprit, source de la puissance divine ;

-La loi de l'esprit de vie en Christ (source de coutume bienfaisante), pour nous libérer de la loi du péché et de la mort (source de coutume maléfique) ;

-La doctrine de Christ (semence de la coutume bienfaisante), pour anéantir les doctrines de Satan et de l'homme (semence de la mauvaise coutume) ;

- Le modèle de la vie nouvelle (vie divine) révélée dans les prescriptions de la doctrine, que le Seigneur Jésus a inauguré ;

- la foi obéissante qui permet de préférer la bonne coutume à la mauvaise ;

- L'expiation du Christ, pour notre rachat des péchés de la coutume

maléfique ;
- Le sang de Christ pour purifier notre conscience des œuvres mortes de la coutume maléfique.

Option nouvelle qui permet de défier et de vaincre ces puissances maléfiques et mettre fin à la dangereuse coutume de sacrifier. Oui ! À toi qui est fatigué et croupit sous le joug des habitudes, conduite et comportement malfaisants hérités de tes ancêtres, Dieu te tend aujourd'hui la main, par Jésus-Christ et veut te décharger. Ne tarde plus, saisis sa main tendue, le salut de ton âme en dépend. Aujourd'hui, si tu entends sa voix, n'endurcis pas ton cœur (Heb4 : 7).

Que le Dieu de paix, qui a ramené d'entre les morts le grand pasteur des brebis, par le sang d'une alliance éternelle, notre Seigneur Jésus, vous rende capables de toute bonne conduite, habitude et œuvre, pour la réalisation de sa volonté, et fasse en vous ce qui lui est agréable, par Jésus-Christ, auquel soit la gloire aux siècles des siècles! Amen!

De la part de notre Seigneur Jésus-Christ, par l'inspiration faite à son humble serviteur, le bien-aimé frère Dieudonné Dieunedort Tintcheu.

Contact: 237 674 04 45 79 / 237 691 50 90 42
E-Mail : tintcheud@gmail.com

TABLE DES MATIERES

PAGES

ORIGINE DES SACRIFICES DANS LE MONDE ---------------------------1
PREFACE --3
REMERCIEMENTS --5
INTRODUCTION --- 6
CHAPITRE I : -ORIGINE DES SACRIFICES DANS LE MONDE ------------ 8
I-LES SACRIFICES CHEZ LES BAMILEKE -----------------------------9
1- Le culte-- 9
Culte rendu aux ancêtres. -------------------------------------- 10
2- Le mariage. --- 13
3-Les funérailles --- 14
4-Les rites --- 16
Le lavement du mauvais sort------------------------------------ 16
II – ORIGINE ET BUT DES SACRIFICES --------------------------- 17
A-Origine des sacrifices --------------------------------------- 17
B-But et destination des sacrifices aujourd'hui.---------------- 19
1-Chez les Israélites -- 19
2 - Chez les animists-- 23
3 -Chez les pratiquants du vaudou ---------------------------- 24
4 - Chez les Bétis --- 24
5 -Chez les Aztèques --- 25
6 - Chez les Inca -- 25
7 - Chez les pratiquants du « famla » ou « Kong ». ---------- 26
8 - Chez les membres des sectes pernicieuses.--------------- 26
C-But et destination des sacrifices à l'origine. -------------- 26
1-Le premier sacrifice --- 27
2-Premier sacrificateur humain --------------------------------- 28
3-Exemples de sacrifices dans la Bible : ---------------------- 29
-Caïn initiateur des sacrifices humains ----------------------- 29

-Noé premier sacrificateur du nouveau monde ------------------------ *29*
-Abraham mis à l'épreuve.--- 30
- L'agneau pascal et le sacerdoce -------------------------------------- *30*
-Le sacrifice de Jésus --- *32*

CHAPITRE II - VICTOIRE SUR LES COUTUMES SACRIFICIELLES MALEFIQUES -- 37
I– Origine de la coutume maléfique de ------------------------------ 38
II-Vaincre la coutume maléfique est-ce ------------------------------ 41
III- Stratégie efficace pour triompher de la mauvaise coutume. ------ 46

Printed by Books on Demand GmbH, Norderstedt / Germany